Basistraining
für Pferde

BERND HACKL
CAROLA STEEN

Basistraining
für Pferde

RICHTIG AUSBILDEN
PROBLEMEN VORBEUGEN

blv

Anreiten

Verladen

Vorwort Leslie Desmond

Niemals zuvor gab es eine Zeit, in der mehr Menschen Pferde besaßen – und zugleich immer weniger von ihnen verstanden. Aus diesem Grund nehmen Leute, die viel Zeit in das Erlernen der Pferdesprache investieren, einen ganz besonderen Platz in der Pferdewelt ein. Durch Ausprobieren, Experimentieren und ihr Vorbild geben sie ihren Schülern nützliche Werte mit auf den Weg. Gefühl, die Sprache des Pferdes, ist nicht käuflich – auch nicht verkäuflich. Hat aber jemand einen guten Lehrer, ein brennendes Verlangen danach zu lernen, und nimmt er sich so viel Zeit wie nötig, dann kann er schließlich die Fähigkeiten eines guten Horseman er-

werben. Um Gefühl zu erlernen, braucht man Gefühl. Und es bedarf viel Kraft, zuzugeben, dass die Hauptsache, die man über Pferde wissen sollte, vielleicht die letzte ist, die wir erlernen.

Mit dem Ziel, so viel wie möglich über Pferde zu lernen, widmet sich Bernd Hackl dieser Aufgabe. Inspirierend und ermutigend hilft er seinen Schülern, die vielen Herausforderungen, die auf dem Weg zur Partnerschaft mit Pferden auftreten, mit Geduld zu meistern. Wie viele andere Horse(wo)men zuvor und wie viele andere, die noch kommen werden, hat Bernd schwierige Momente, die zum persönlichen Reifen beitragen, durchlebt. Auf dem Weg zum Horseman, bei dem sich Pferde wohl fühlen, ist die Selbsterkenntnis ein wesentlicher Schritt. Dieses Wachstum benötigt Bescheidenheit und die Einsicht, dass wir alle Hilfe nötig haben, um die Feinheiten von Horsemanship zu verstehen. In diesem Buch »Basistraining für Pferde« teilt Bernd mit uns sein jetziges Wissen. Ich hoffe, ihr werdet es genießen. Ich weiß, ich werde es.

Herzlichst,

LESLIE DESMOND
American Horsemanship Coach
Co-Autor, True Horsemanship Through Feel

Vorwort Bernd Hackl

Das Leben besteht aus Experimenten: Man versucht etwas und je nachdem, ob es funktioniert oder nicht, zieht man seine Schlüsse und lernt daraus. Ich denke, das ist die größte Gemeinsamkeit, die wir mit unseren Pferden haben. Deshalb finde ich es manchmal beschämend, mit welcher Selbstverständlichkeit wir tagtäglich die gleichen Fehler im Umgang mit unseren Vierbeinern wiederholen. Es scheint für manche Besitzer oft normal zu sein, dass ihr Pferd »ein bisschen« steigt oder durchgeht und sonstige Probleme macht, die wieder und wieder mit mehr oder weniger Gewalt gelöst werden.

Oft wäre es mit einem bisschen mehr an Gefühl, Verständnis und Arbeit um ein Vielfaches leichter, vor allem für die Pferde, Probleme zu lösen. Jeder sollte an sich selbst arbeiten, um die uns allen innewohnende Arroganz und Ignoranz zu unterdrücken, und versuchen einen Weg zu finden, auf dem wir reitartunabhängig voneinander lernen – für das Wohlergehen unserer Pferde. Wir alle haben die gleiche Grundvoraussetzung, nämlich einen Partner, der immer den Weg des geringsten Widerstandes wählt. Es liegt an uns, den Pferden Türen zu öffnen und sie herausfinden zu lassen, wo diese Türen sind.

Ich möchte meine Pferde im Training so behandeln, wie auch ich von meinen Pferden behandelt werden möchte. Natürlich wird es nicht immer problemlos vonstatten gehen, aber einer unserer Leitsätze sollte sein: Eine Hand wäscht die andere! Leider ist es stattdessen viel zu oft »Auge um Auge, Zahn um Zahn«. Spezielle Techniken und Hilfsmittel sind nur Werkzeuge, Horsemanship ist jedoch mehr als nur Werkzeuge zu benutzen. Es ist voneinander und zueinander fühlen.

Es gilt, das Gefühl und das Fühlen weiterzuentwickeln und anzuwenden.

Horsemanship ist eine Lebenseinstellung. Es ist das Bewusstsein, Verantwortung für ein Lebewesen zu übernehmen, das uns vertraut, und auf uns angewiesen ist. Nicht nur in der Versorgung, sondern im gesamten Umgang. Mein Pferd ist ein edler, anmutiger Athlet und es obliegt mir, dass dieser Ausdruck, sowie die Geschmeidigkeit und Agilität in meinem Partner erhalten bleiben. Das beginnt beim schlampigen Outfit und zieht sich über die Pferdehaltung bis hin zum Reiten (stumpfes Fell, mager, Maul auf, Kopf hoch, Schweif schlagen, usw.)

Ich möchte stolz sein, mein Pferd der Öffentlichkeit präsentieren zu dürfen, und ich möchte, dass dieser Stolz sich im Verhalten und dem Auftreten meines Pferdes wiederspiegelt.

An dieser Stelle möchte ich zwei Männer erwähnen, die Horsemanship wirklich zu ihrer Lebensaufgabe gemacht haben: Bill und Tom Dorrance. Bill ist leider verstorben, sein Bruder Tom ist inzwischen über 90 Jahre alt. Ihr ganzes Leben lang beobachteten sie die Pferde, wie sie frei laufen, allein und in der Herde.

Tom Dorrance sagt, zu sehen, wie sie sich benehmen, wie sie auf andere Pferde, andere Lebewesen und Dinge reagieren, habe ihn gelehrt, wie er sich ihnen gegenüber verhalten müsse, damit sie ihn verstehen und ihm folgen können. Er versteht die Körpersprache der Pferde und gestattet es einem Pferd, Selbstvertrauen aufzubauen. Tom folgt dem Grundsatz »weniger ist mehr«: Gefühl, die richtige Zeit, Ausgeglichenheit und klare Anweisungen sind die Grundlagen seiner Ausbildung.

Viele Leute kommen zu Tom Dorrance und sagen, sie hätten ein Problem mit ihrem Pferd. Er verblüfft sie mit der folgenden Antwort: »Haben Sie je darüber nachgedacht, dass nicht Sie ein Problem mit Ihrem Pferd haben, sondern dass Ihr Pferd vielleicht ein Problem mit Ihnen hat?«

Auch ich treffe bei meiner Arbeit oft auf Menschen, denen ich diese Frage stellen könnte. Wir Menschen von heute sind daran gewöhnt rational zu handeln und eine möglichst schnelle und kostengünstige Lösung zu finden. Pferde haben einen anderen

Kommunikation zwischen Mensch und Tier sollte auf gegenseitigem Vertrauen basieren.

Rhythmus, sie kennen die Uhr nicht, sie handeln aus dem Trieb, sich selbst und ihre Art zu erhalten. Das ist für sie vernünftig. Ich habe es mir zur Aufgabe gemacht, nicht nur die Pferde auszubilden, sondern auch den Menschen ein bisschen von diesem Gefühl für das Lebewesen Pferd mit auf den Weg zu geben, damit sie ihre Pferde besser verstehen und behandeln können

Inzwischen sind es nicht mehr nur Tom Dorrance und sein Bruder Bill, sondern auch deren langjährige Freunde und bereits deren Schüler, die für die Verbreitung ihrer Ideen, dieser besonderen Form des Pferdetrainings, sorgen. Ray Hunt, Buck Brannaman, Leslie Desmond, Brian Neubert – um nur ein paar zu nennen – geben den Menschen jedoch lediglich Anregungen, eine Idee. Sie wollen sie zum Nachdenken bringen, auf dass die Menschen die Lösung selber finden.

Abschließend möchte ich mich noch bei allen bedanken, die mich auf meinem Weg unterstützt haben und dies immer noch tun. Ganz besonderer Dank gilt meiner Frau Sabine, ohne die das alles gar nicht möglich wäre – Ehefrau, Managerin und bester Freund. Danke auch an meine Eltern und Geschwister, die mich zu dem Menschen gemacht haben, der ich heute bin.

Danke an Brian Turnbull, Bill Horn, Roy Sharpe, Steve Holloway und Leslie Desmond, die es mir ermöglicht haben, mich in diese Richtung zu entwickeln.

Danke an Carola Steen, die dieses Buch ermöglicht hat und viel Zeit und Geduld für mich aufbrachte.

Danke an Innozenz Näßl und Michaela Rothwinkler für die tolle Unterstützung auf Tashina Haila.

Last but not least: Danke an die Pferde, von denen ich bisher am meisten lernen durfte.

And now: »Open your mind – turn loose«.

Die Grundausbildung des Pferdes

Der erste Teil dieses Buches beschäftigt sich mit der Grundausbildung des Pferdes nach einer besonderen Form der Kommunikation, die sich aus der Beobachtung von frei lebenden und domestizierten Tieren entwickelt hat. Tom Dorrance gilt als der geistige Vater des gewaltfreien Trainings. Er selbst hat keine Lehrvideos aufgenommen, die sich teuer verkaufen lassen. Die Einnahmen seiner Kurse reichen ihm zum Leben. Als die Frau seines besten Freundes Ray Hunt ihn bat, ein Buch zu schreiben, rief er erschrocken: »Was denkst du! Es ist schon schwer genug, wenn ich mit dem Pferd und seinem Menschen in der Arena stehe und beiden Auge in Auge erklären muss, was ich meine. Es in einem Buch zu erklären, das ist ganz und gar unmöglich.«

Inzwischen gibt es dieses Buch, es heißt »True Unity – Tom Dorrance spricht über Pferde. Wahre Einheit und willige Kommunikation zwischen Pferd und Mensch.« Einmal im Jahr prüft er jeden Satz auf seine Richtigkeit. Er befürchtet, die Menschen könnten weniger herauslesen, als er ihnen hineingeschrieben hat. Seinen Freunden ist es zu verdanken, dass sein Gedankengut in alle Welt hinausgetragen wird. Jeder Horseman hat im täglichen Training eine eigene »Handschrift« entwickelt und es den heutigen Gegebenheiten angepasst. Die einzelnen Elemente dieser Ausbildung beruhen auf der Erkenntnis, dass Pferde Bewegungstiere sind. Nur in der Bewegung lässt sich ein Fortschritt erreichen. »Ein Pferd denkt und fühlt durch seine vier Beine« pflegt Ray Hunt seinen Schülern die Bedeutung dieser Erkenntnis näher zu bringen.

Ich lernte diese schonende Form des Pferdetrainings bei Steve Holloway in Florida/USA kennen. Dieser war wiederum ein Schüler von Ray Hunt und Buck Brannaman. Zurück in Deutschland baute ich diese Trainingselemente in meine tägliche Arbeit mit jungen Pferden ein. Leider gibt es den Idealfall eines absolut rohen Jungpferdes hier relativ selten. Die meisten Anfragen habe ich im Herbst bzw. Winter nach dem üblichen Anreittermin. Und merkwürdigerweise wird dann oft schon von einem Problempferd gesprochen. Aufgrund der Reaktionen dieser Pferde kann sich ein erfahrener Trainer so manches zusammenreimen. Vermutlich wurde im Sommer schon einiges ausprobiert – und es hat nicht so geklappt, wie man es sich vorgestellt hat. Nur wenige Pferdebesitzer sind dann so ehrlich und geben ihre Misserfolge zu. Zur Ehrenrettung muss man natürlich sagen, dass missglückte Anreitversuche nicht immer der Grund für Probleme sind. Wenn jemand ein zwei- oder dreijähriges oder gar älteres Pferd kauft, steht oftmals eine ganze Lebens- wenn nicht Leidensgeschichte dahinter. Dass aus so einem »Problempferd« ein vertrauensvoller und entspannter Reitpartner werden kann, ist immer wieder Ansporn für mich.

Wann ist der richtige Zeitpunkt für das Anreiten gekommen?

»Natürlich mit drei Jahren« wird jeder Pferdekenner sofort sagen. Tatsächlich ist die Antwort nicht so eindeutig und zudem wird die Frage sehr kontrovers diskutiert. Da wird von früh- und spätreifen Rassen gesprochen. Der Glaube an die Frühreife von Galopp- und Trabrennpferden sowie Quarter Horses wird durch keine wissenschaftliche Untersuchung

Freizeitpartner ihr weiteres Leben verbringen werden, ist dabei nicht entscheidend.

Jede Übung dient dazu, beim Pferd Verständnis für alle Tätigkeiten des Alltags zu wecken und nicht seinen Widerstand herauszufordern. Die einzelnen Übungen berücksichtigen dabei die Natur des Pferdes. Außerdem wird bereits vom Boden aus die Balance geschult. Bis ein Pferd jedoch voll belastbar ist, d.h. die Rückenmuskulatur soweit ausgebildet ist, dass es einen Reiter ohne vorzeitigen Verschleiß tragen kann, wird noch einige Zeit ins Land gehen – und ist eigentlich auch eine andere Geschichte. Das Anreiten eines jungen Pferdes und das darauf folgende Reittraining sind, genau genommen, zwei verschiedene Sachen. Selbstverständlich muss gewährleistet sein, dass das Pferd vom Knochengerüst her so weit ausgewachsen ist, ein Gewicht tragen zu können. Eine röntgenologische Untersuchung, die zeigt, dass die distale Radiusepiphysenfuge geschlossen ist und eine ausreichende Durchkalkung der Knochen vorhanden ist, bringt dem Pferdebesitzer Gewissheit.

Neben diesen körperlichen Eigenheiten darf man jedoch nicht den besonderen Charakter und das Temperament eines Pferdes vergessen. Ähnlich wie beim Menschen gibt es auch bei Pferden Frühstarter und Spätzünder. Pferde gehören nun mal zu den hoch entwickelten Säugetieren und die Zeit bis zum Erwachsenenalter beträgt einige Jahre. In dieser Zeit sind sie besonders lernfähig. Wartet man mit einer Grundausbildung zu lange, wird sich das Pferd langweilen und eventuell ein derartiges Selbstbewusstsein entwickeln, dass jeder Ausbilder seine liebe Mühe haben wird, dem Halbstarken (oder der Halbstarken) die Regeln des Alltags zu erklären. Der »richtige« Zeitpunkt des Anreitens ist bei jedem Pferd anders.

eindeutig belegt. Tatsächlich steht der Leistungsgedanke bereits bei der Aufzucht und Vermarktung junger Pferde stark im Vordergrund. Ein Pferd soll innerhalb kürzester Zeit eine Menge können, ansonsten ist es nicht wirtschaftlich. Das Pferd, das den Menschen ein Stück Natur und damit viel Freude in ihre Freizeit bringen soll, wird zu einem Sportgerät degradiert. Eine Entwicklung, die mich traurig stimmt. Ich reite junge Pferde verschiedenster Rassen an. Ob diese Pferde irgendwann Dressur, Springen, Reining, Cutting oder Pleasure »gehen« oder als reine

Der Termin rückt näher – was tun?

Reiten Sie ihr junges Pferd nun selber an oder geben Sie es ins Training? Bei vielen Pferdebesitzern kommt die Antwort recht schnell – natürlich selber. Da wird der finanzielle Aspekt über jede andere Überlegung gestellt. Aber mit Sicherheit fällt die Entscheidung, das Pferd für einige Monate in fremde Hände und in eine fremde Umgebung zu geben, auch nicht leicht. Alles Dinge, die mitbedacht werden müssen. Wenn Sie also entschlossen sind, alles selbst zu machen, beantworten Sie die folgenden Fragen offen und ehrlich.

Kann ich mein junges Pferd selbst anreiten?

① Haben Sie auf Ihrer Anlage einen Round Pen, einen eingezäunten Reitplatz oder eine Reithalle zur Verfügung, wo Sie ungestört und ohne Gefahr für Mensch und Tier ein Training durchführen können?

② Sind Sie ein Mensch, der in jeder Situation Ruhe und Selbstsicherheit ausstrahlt, selten die Beherrschung verliert, gleichzeitig aber auch die nötige Konsequenz besitzt, um das jeweilige Trainingsziel zu erreichen?

③ Haben Sie die ausreichende körperliche Fitness und Gewandtheit, die beim Anreiten bzw. Bereiten junger Pferde benötigt werden, da diese erfahrungsgemäß selbst noch eine Weile Schwierigkeiten mit der Balance haben.

④ Angenommen, Ihr hoffnungsvolles Jungpferd hat erst mal eine ganz andere Meinung von Sattel und Reitergewicht – sind Sie körperlich und mental in der Lage, beim Bocken, Steigen oder Losrennen der Situation entsprechend ruhig und besonnen zu reagieren?

⑤ Haben Sie neben Ihrer Haupttätigkeit so viel Zeit, dass Sie sich jeden Tag ohne Druck und Stress Ihrem Jungpferd widmen können?

⑥ Haben Sie bereits bei oder mit anderen Jungpferden Erfahrungen sammeln können?

⑦ Sind Sie in der Lage, schwierige Situationen im Training vorausschauend und leidenschaftslos zu beurteilen, um sie in den Griff zu bekommen?

⑧ Haben Sie eine feine und leichte Zügelhand, um das empfindliche Maul des jungen Pferdes nicht zu irritieren, es aber dennoch mit der Zeit an ein Gebiss zu gewöhnen?

⑨ Haben Sie die reiterliche Erfahrung, nach erfolgreichem Anreiten Ihr Pferd in Richtung Versammlung zu trainieren, was eigentlich nichts anderes bedeutet, als alle Muskelpartien so weiterzuentwickeln, dass das Pferd ein Reitergewicht ohne körperliche Schäden lange Jahre tragen kann?

⑩ Haben Sie in Ihrer Nähe einen mit jungen Pferden erfahrenen Ausbilder, der Ihnen notfalls wertvolle Tipps geben kann und wird?

Wenn Sie alle zehn Fragen guten Gewissens mit einem deutlichen »Ja« beantwortet haben, gehören Sie zu einer kleinen Gruppe von Pferdemenschen, die auch ein gutes Händchen für junge Pferde haben. Konnten Sie über die Hälfte bejahen, gehören Sie vielleicht zu den guten Reitern, die unter Mithilfe eines Profis die gewünschten Fortschritte mit ihrem jungen Pferd verbuchen können. Allen anderen sei jedoch dringend geraten, ihr viel versprechendes Jungpferd in die Hände eines seriösen Trainers zu geben – nach gründlicher Prüfung seiner Arbeit selbstverständlich. Sie sollten rechtzeitig – also einige Monate vor dem eventuellen Termin – die in Frage kommenden Trainer unter die Lupe nehmen. Nehmen Sie sich Zeit, erwarten Sie auch von dem Trainer, dass er sich für Ihre Fragen Zeit nimmt und Ihnen seine Arbeit zeigt. Lassen Sie sich nicht nur von klingenden Titeln und glitzernden Pokalen leiten. Erfolge auf einem Turnier und die Arbeit mit jungen Pferden sind in der Regel zwei Paar Stiefel.

Das Anreiten von Jungpferden ist häufig eine Art »Abfallprodukt« im großen Spektrum des Reitsports. Es ist sehr zeitintensiv, der gewünschte Erfolg lässt manchmal lange auf sich warten. Lassen Sie sich bei der Wahl des Trainers ruhig von Ihrem Gefühl leiten. Wenn der Profi gleich die ersten Turniererfolge Ihres Pferdes im Auge hat, überspringt er einige Monate des Wachsens und Reifens. Und das geht wiederum zu Lasten einer langen Lebensdauer des Pferdes. Ausschlaggebend ist auch nicht unbedingt, nach welcher Methode Ihr Pferd angeritten wird. Es spielt keine Rolle, ob der Trainer oder die Methode, nach der er arbeitet, einen klangvollen Namen hat oder nicht. Es ist letztendlich nur wichtig, was unter dem Strich für alle Beteiligten dabei herauskommt. Der Sicherheitsgedanke und die Freude sollten dabei an erster Stelle stehen. Wenn Sie das Gefühl haben, die Ausbildungsmethode passt zu Ihrem Pferd und Sie kommen im Alltag damit zurecht, dann kann sie nicht so verkehrt sein.

Umgebung und Ausrüstung

Safety first – die Sicherheit für Mensch und Tier steht bei allen Verrichtungen an erster Stelle! Unterschätzen Sie nicht die Reaktionen und die Kraft Ihres Pferdes. Auch wenn Ihr Liebling sich bis zu diesem Zeitpunkt als umgänglich erwiesen hat, kann der Wechsel von dem beschaulichen Leben als heranwachsender »Lümmel« zu dem neuen Lebensabschnitt als »Reitpferd« auch ganz neue Reaktionen hervorrufen. Seien Sie sich selbst gegenüber kritisch, überprüfen Sie immer wieder Ihre Anweisungen. Nicht alles, was einem Menschen logisch erscheint, versteht ein Pferd ohne Weiteres. Pferde lernen durch Wiederholungen. Die Übungen müssen konsequent, aber emotionslos ausgeführt werden. Zeit spielt dabei überhaupt keine Rolle. Und auch bei der Spezies Pferd gibt es unterschiedliche Temperamente und Charaktere. Ich erkläre das gerne so: Es ist, als ob ich einem Lehrling erzählen würde, der Himmel sei grün. Ein eher einfaches Gemüt wird das bestätigen: »Jawohl, der Himmel ist grün – und ich habe meine Ruhe.« Dann gibt es natürlich auch die etwas Mutigeren: »Vielleicht ist der Himmel grün, vielleicht auch nicht, wollen wir mal sehen.« Am anderen Ende der Skala befinden sich die Selbstbewussten: »Wenn der Himmel grün ist, musst du mir das beweisen!« Mit einem solchen Pferd kann ein Anfänger durchaus überfordert sein. Wenn man das Gefühl hat, man gerät mit seinen Bemühungen in eine Sackgasse, ist es keine Schande, einen erfahrenen Pferdemenschen zu Rate zu ziehen.

Round Pen

Der Round Pen ist meiner Meinung nach eine wichtige Voraussetzung für die Arbeit mit jungen bzw. Problempferden, da er aufgrund seines Aufbaus die beste Kommunikation zwischen dem Pferd und mir ermöglicht. Der Round Pen sollte einen Durchmesser von 15–20 Metern haben, gut eingezäunt und mit einem rutschfesten Belag ausgestattet sein. Zu beachten ist bei einem jungen bzw. ungymnastiziertem Pferd, dass es zwar in einem Round Pen um den Menschen in der Mitte »drumherum läuft«, auf Grund der noch fehlenden Wirbelsäulenbiegung aber noch keinen korrekten Kreis einhalten kann. Es wird unter Umständen Probleme mit seiner natürlichen Balance bekommen und versuchen, sich über eine erhöhte Geschwindigkeit aus diesem Dilemma zu retten – und bekommt noch mehr Schwierigkeiten. Häufig endet die ganze Übung mit Stolpern und wildem Gerenne, bis das Pferd erschöpft ist. Ein müder »Schüler« ist jedoch ein schlechter »Schüler« und kann nicht unser Ziel sein.

Ein anderer Punkt ist vielleicht der, ob ein junges Pferd im Round Pen nur die willkommene Gelegenheit sieht, sich auszutoben. Dann ist eine Menge Grundsätzliches zu hinterfragen. Hat es ansonsten genügend Auslauf, sozialen Kontakt zu anderen Pferden, stimmt die Fütterung? Oder – bin ich wirklich erfahren genug, um ein solches Temperamentsbündel in die richtigen Bahnen zu lenken (siehe Seite 11)?

Fahnenstock: Sowohl zur Desensibilisierung als auch zur vermehrten Hilfengebung.

Stallhalfter und Knotenhalfter

In ein gutes, stabiles Halfter zu investieren ist unter Umständen eine Anschaffung für viele Jahre. Es sind leider schon viele Halfter gerissen, weil am falschen Ende gespart worden ist. Ein Halfter reißt immer zur unpassenden Zeit. Und manchmal wird aus einem Schneeball eine ganze Lawine, wenn das Pferd sich erschreckt und davonrennt. Eine Erfahrung, die nicht unbedingt notwendig ist. Auch Halfter unterliegen Modeerscheinungen. Zur Zeit sind unterlegte Halfter sehr beliebt. Ein gut gemeintes Angebot, doch leider für unsere Arbeit nicht von Vorteil, da diese Halfter den Druck sehr unterschiedlich an den Pferdekopf weitergeben.

Für die eigentliche Bodenarbeit benutze ich ein Double-Diamond-Knotenhalfter. Die Knoten liegen nicht auf bestimmten Nervenkreuzungspunkten, wie manchmal zu

hören ist. Aber diese besonderen Knoten verdeutlichen die Hilfe und geben sie eben punktgenau weiter. Diese Arbeitshalfter halten einen Zug von ca. drei Tonnen aus und sind aus diesem Grund **nicht** geeignet, das Pferd anzubinden. Sollte ein Pferd in Panik daran ziehen, besteht die Gefahr eines Genickbruches!

Gamaschen

Boots gehören unbedingt zur Grundausrüstung. Junge Pferde können ihre vier Füße noch nicht gut koordinieren. Auch da gibt es natürlich talentierte und weniger talentierte Kandidaten. Auf jeden Fall dienen Gamaschen dazu, die Verletzungsgefahr zu minimieren. Gerade eine Verletzung an den Beinen veranlasst das junge Pferd dazu, beim nächsten Mal noch unsicherer und ängstlicher bei den Übungen mitzumachen.

Fähnchen oder Flaggenstock

Ähnlich wie eine gewöhnliche Gerte ist der Flaggenstock mein verlängerter Arm. Darüber hinaus habe ich mit dem Fähnchen die Möglichkeit, meine Hilfen besser zu dosieren. Bei einem eher ängstlichen Pferd erreiche ich mit dem Fähnchen eine Desensibilisierung, wohingegen ich bei einem eher stoischen oder phlegmatischen Pferd die Hilfe deutlich erhöhen kann.

Rope (Lasso)

In Amerika gehört ein Rope zur Grundausstattung bei der täglichen Arbeit. In Deutschland zählt dieses Arbeitsmittel noch zu den exotischen Ausrüstungsgegenständen, das nur langsam Einzug halten wird in den Alltag eines Pferdetrainers. Tatsächlich gehören zu der Arbeit mit dem Rope jahrelange Erfahrung und ausreichende Kenntnisse über Funktion und Qualität der verschiedenen Ropes. Ich benutze bei meinem Training ein 18 m (60 Fuß) langes TripleXsoft-Rope. Häufig wird das 10 m (30 Fuß) lange Medium-Soft-Rope angeboten, das für meine Zwecke eindeutig zu hart ist. Reagiert ein Pferd mit Angst auf ein Rope, wurde sicherlich unsachgemäß oder mit einem zu harten Rope gearbeitet. Bevor Sie jedoch gleich Ihr Pferd als Partner für die ersten Schritte mit dem eigenen Rope auswählen, kalkulieren Sie lieber eine große Anzahl von Trockenübungsstunden ein. Im Cowboyland USA fangen schon die Vorschulkinder mit dem Roping an! (Siehe auch »Arbeit mit dem Rope« S. 47)

Hobbles

Wenn abends das Lager aufgeschlagen wird, ist das Hobbeln der Reit- und Lasttiere für alle Viehhirten dieser Welt ein notwendiges Ritual. Während die Menschen sich zur Nachtruhe begeben, fangen Pferd, Esel oder Kamel an zu weiden. Dabei haben sich in den verschiedenen Kulturkreisen unterschiedliche Arten des Hobbelns herausgebildet. Es gibt Drei- und Zweibeinhobbles. Bei Kamelen (Dromedaren, Lamas, usw.) wird häufig nur ein Bein hochgebunden. Der Sinn und Zweck ist immer der gleiche: Die Tiere können sich langsam fortbewegen, um sich ihre notwendige Nahrung zu beschaffen, aber sie können nicht weglaufen.

Pferde mögen es nicht, wenn etwas sie an den Beinen festhält. Als typische Lauf- und Fluchttiere widerspricht das komplett ihrem angeborenen Verhalten. Ist ein Pferd – nach gründlicher Vorbereitung selbstverständlich

– daran gewöhnt, dass etwas seine Bewegung einschränkt, gerät es nicht mehr so schnell in Panik, wenn es tatsächlich mal in eine brenzlige Situation gerät. Dazu gibt es folgende Geschichte: Craig Cameron, ein bekannter amerikanischer Pferdetrainer, Schüler von Ray Hunt und Tom Dorrance, vermisste seit zwei Tagen eine Stute. Er begab sich auf die Suche und nach ein paar Stunden fanden er und ein Helfer diese Stute. Das Pferd war in einer Senke mit Buschwerk in einen Draht geraten, der wohl vom Vorbesitzer dieser Ranch dort sträflicherweise vergessen worden war. Die Stute hatte sich mit den Füßen so in dem Draht verfangen, dass sie sich nicht von der Stelle rühren konnte. Doch anstatt in Panik zu verfallen und zu strampeln, wie es für ein Pferd typisch wäre, harrte sie aus und rief laut wiehernd um Hilfe. Craig und sein Helfer befreiten die Stute und nach einer kurzen Untersuchung stellten sie mit Erleichterung fest, dass sie völlig unverletzt war.

Sie werden jetzt vielleicht sagen: »Mein Pferd steht auf keiner Ranch, wo es verloren gehen kann.« Aber auch der Alltag in Deutschland steckt voller Tücken. Im Stall oder auf der Weide kann ein Pferd in einen Zaun oder andere Dinge geraten, die es festhalten. Bei Ausritten kommt es zu Begegnungen mit rücksichtslosen Verkehrsteilnehmern oder anderen Freizeitsportlern. Pferde reagieren dann häufig schreckhaft und unkontrolliert. Ein Pferd, das gelernt hat zu warten und nicht in Panik gerät, ist der Sicherheitsfaktor schlechthin.

Bevor Sie jetzt jedoch losstürmen, um Hobbles zu kaufen, muss man sagen, der Vorgang des Hobbelns ist nichts für Anfänger. Dieser Trainingsabschnitt gehört absolut in die Hand eines Profis, der die zu erwartenden Reaktionen des Pferdes richtig einschätzen und darauf reagieren kann. Darum wird es in diesem Buch auch nicht ausführlich beschrieben. Das A und O ist die Vorbereitung, und die erfolgt zuerst mit einem Rope. Erst wenn alle vier Beine des Pferdes mit einem Rope nach allen Seiten bewegt werden können, ohne panische Reaktionen hervorzurufen, ist an ein Hobbeln zu denken. Ohne entsprechende Umgebung, d. h. ein gut geschützter Round Pen mit Sandboden, und die richtige Einschätzung der Situation ist diese Aktion zum Scheitern verurteilt. Darum ist Hobbeln in Deutschland auch in die Nähe der Tierquälerei geraten, weil einige »Möchtegern-Cowboys« Pferde ohne entsprechend sorgfältige Vorbereitung gehobbelt haben und dabei grässliche Unfälle passiert sind. Ich hobble Pferde nur in Ausnahmefällen und nur nach Absprache und im Beisein des Besitzers.

Sporen

Sporen haben im Grunde genommen verschiedene Zwecke. Was sie mit Sicherheit nicht bewirken sollen, ist ein Pferd zu überzeugen, der Gewalt zu gehorchen. Sporen sollten nicht hart eingesetzt werden. Im Gegenteil: Mit Sporen kann ich meine Hilfen verfeinern. Wenn der Reiter mit einem Schenkel stark drückt oder gar den Stiefelabsatz in das Pferd hineinbohrt, erreicht er nur, dass er seinen Schwerpunkt verliert, auf dem Pferd hin und her wackelt und es irritiert. Stattdessen empfiehlt es sich, das Sporenrad je nach Bedarf sanft am Pferdebauch abzurollen und so die Hilfen dem Pferd mitzuteilen. Voraussetzung ist selbstverständlich, dass es sich um einen fortgeschrittenen Reiter handelt, der bereits ruhig im Schwerpunkt in allen drei Grundgangarten sitzen kann. Dann empfiehlt es sich, beim Kauf eines persönlichen Sporens mehrere Dinge zu berücksichtigen und sich auch beraten zu lassen. Es geht dabei um die Größe des Pferdes, die Größe des Reiters bzw. die Länge seiner Beine und eventuell um den Verwendungszweck. Es gibt Sporen mit kleinen oder großen Rädern, ohne oder mit Zacken. Sporen haben kurze oder lange Hälse, die nach oben oder unten weisen können. Es gibt Sporen mit schmalen oder breiten Bändern.

Außerdem sind Sporen nicht nur Arbeitsgerät, sondern Teil einer Kulturgeschichte, wie z. B. im Westen der USA.

Ähnlich wie der Bau eines Westernsattels war und ist die Herstellung von Gebissen und Sporen auch eine künstlerische Ausdrucksform der Männer im Westen der USA, die oftmals ihr ganzes Leben mit den Pferden (die ja ihre Arbeitspartner waren!) verbrachten. Vielleicht sogar noch ein bisschen mehr, denn die Sporen waren ja nicht am Pferd, sondern am Stiefel des Cowboys. So geraten Sporen oft zu einem Schmuckstück, werden mit Kupfer, Messing oder sogar fast ganz aus reinem Silber hergestellt. Häufig waren Sporen auch ein sehr persönliches Geschenk an einen guten Freund und dieser trug sie mit dem entsprechenden Stolz.

Bei rohen Pferden trage ich bei den ersten Ritten natürlich keine Sporen. In dieser Zeit ist immer damit zu rechnen, dass das Pferd mal einen Schritt oder sogar einen Satz vorwärts oder seitwärts macht. Und wenn ich dann – sei es nur aus Versehen – mit einem Sporen an den Pferdebauch komme, eskaliert die Situation. Nach dieser ersten Phase des Anreitens benutze ich Sporen, die komplett abgerundet sind, also keine Zacken haben. Bei älteren Pferden oder auch Problempferden benutze ich Sporen mit abgerundeten Zacken, da ich dort meine Hilfen sehr differenziert einsetzen kann und manchmal auch einer Frage Nachdruck verleihen möchte.

Sporen: Sowohl Hilfsmittel als auch persönliches Schmuckstück.

Sporen mit spitzen bzw. angeschliffenen Zacken gehören bestenfalls an die Wand eines Saloons, aber nicht an einen Stiefel! Wie bei meiner ganzen Arbeit heißt es auch hier: So wenig wie möglich, so viel wie nötig!

Sporen sind immer so hart wie der Reiter, der sie benutzt. Außerdem gilt die Devise: Je stumpfer die Zacken und je größer das Rad, um so milder sind die Sporen. Manchmal gibt es die irrige Auffassung, dass kleine Sporen harmlose Sporen sind. Tatsächlich ist die Auflagefläche, die bei einem großen Sporenrad am Pferdebauch abrollt, viel größer und daher milder.

Der nächste Punkt, den man beim Kauf von Sporen beachten sollte, ist die Bandbreite. Häufig sieht man Sporen mit einem schma-

len Band, da die in der Regel billiger sind. Leider verbiegen sich diese Sporen auch sehr schnell, verrutschen ständig und bleiben einfach nicht an der Stelle, wo sie hingehören. Das hat zur Folge, dass das Pferd ständig an verschiedenen Stellen den Sporen spürt und dadurch irritiert wird. Ein breites, schweres Sporenband bleibt immer an derselben Stelle, selbst wenn der Reiter – wie beim Cutting etwa – enorme Bewegungen des Pferdes ausgleichen muss. Dasselbe gilt übrigens auch für den Sporenriemen. Ein breiter Riemen sorgt dafür, dass die ganze Konstruktion ruhig am Stiefel sitzt.

Ganz wichtig ist auch die Länge des Sporenhalses. Ein Reiter mit einem langen Bein sollte auch einen langen Sporenhals benutzen. Reiter mit kurzen Beinen sollten dagegen einen kurzen Sporenhals nehmen, der möglichst auch noch nach unten zeigt. Der Sporenhals ist immer der Weg, den der Sporen zum Pferdebauch hat. Jeder kann sich bildlich vorstellen, was ein Reiter mit kurzen Beinen und langem Sporenhals ausrichtet. Umgekehrt wird ein Reiter mit langen Beinen und kurzem Sporenhals Mühe haben, überhaupt etwas zu bewirken.

Sporen mit Glöckchen, so genannte »Jingle Bobs«, sind für deutsche Reiter besonders gewöhnungsbedürftig, um nicht zu sagen »verrückt«. Tatsächlich haben diese Sporen durchaus ihre Berechtigung, nämlich bei sehr phlegmatischen Pferden. Pferde haben nun mal ein feines Gehör und so erreiche ich mit diesem Klingeln ihre Aufmerksamkeit, bevor ich überhaupt die Sporen einsetzen muss. Das ist ja genau das, was ich eigentlich will: nämlich meine Hilfen minimieren. Man kennt das ja: »Ich brauche nur meine

Sporen anzuziehen und mein Pferd läuft ganz anders.« Oder: »Ich brauche die Gerte nur in der Hand zu halten, gar nicht zu benutzen, und mein Pferd ist aufmerksam und macht mit.«

Wenn Sie jetzt losziehen und sich Ihre »persönlichen« Sporen kaufen – nehmen Sie sich viel Zeit und lassen Sie sich ausreichend beraten. Berücksichtigen Sie sehr kritisch den Ausbildungsstand Ihres Pferdes und Ihren eigenen! Geben Sie auch den späteren Verwendungszweck an. Dann hängt alles nur noch von Ihrem Geldbeutel ab: Ganz tolle Sporen haben auch einen tollen Preis! Dieser Preis basiert auf Material und Verarbeitung. Sparen Sie aber nicht am falschen Ende. Gute Sporen sind eine Anschaffung fürs (Reiter-) Leben. Sie sehen schon: Obwohl Sporen sicherlich nicht zu den wichtigsten Ausrüstungsgegenständen am Anfang einer Reiterkarriere gehören, lohnt es sich schon, mal genauer hinzuschauen.

Bodenarbeit

Was ist weich, was ist leicht?

Ich möchte, dass ein Pferd schon bei der Bodenarbeit weich reagiert. Was meine ich jetzt, wenn ich sage »weich« oder wenn ich sage, ein Pferd ist »leicht«. Wie kann ein Pferd, das vielleicht 500 kg wiegt, leicht sein? Ein Pferd hat sehr viel Muskulatur. Es kann sehr schnell sein, es kann seine Muskulatur gegen den Menschen einsetzen oder für den Menschen. Es kann sich elegant wie eine Katze bewegen, wie man das zum Beispiel bei Cutting-Pferden sieht. Richtungswechsel werden scheinbar ohne Mühe vollzogen, obwohl man ein Tier mit 500 oder 600 kg unter sich hat. Leicht heißt also, das Pferd arbeitet mit seiner eigenen Muskulatur für mich. Weich bedeutet, ich muss es nicht mit Gewalt in eine Richtung ziehen oder brin-

gen. Das Pferd stellt mir seinen Körper zur Verfügung, um irgendwelche Aufgaben zu erfüllen. Wie erreiche ich nun, dass ich ein so starkes Tier mit so wenig Aufwand wie möglich unter mir »verschieben« kann?

Ich kann mit verschiedenen Arten von Gefühl arbeiten. Ich habe einmal das direkte Gefühl. Das heißt, ich arbeite mit den Zügeln, mit den Schenkeln oder vom Boden aus mit einem Führstrick. Dann habe ich das indirekte Gefühl. Dieses geht in zwei Richtungen: sowohl von mir zum Pferd als auch vom Pferd zu mir zurück. Man kann das sehr schön bei Pferden untereinander beobachten. Beispielsweise bei einer Stute mit ihrem Fohlen. Die Stute galoppiert voraus, das Kleine hinterher. Irgendwann überholt das Fohlen seine Mutter, übernimmt scheinbar die Führung. Dann biegt die Stute ab und das

Weich und leicht soll das Pferd unter seinem Reiter sein.

Fohlen biegt ebenfalls ab, obwohl es seine Mutter gar nicht gesehen hat. Die Ohren sind nach vorne gespitzt, es schaut in die Weltgeschichte hinaus und doch geht es in dieselbe Richtung wie die Stute – weil es zu seiner Mutter »zurückfühlt« oder weil die Stute zu ihrem Kind »vorausfühlt«. Warum ich das erzähle? Das Training mit Pferden besteht nicht nur aus dem Erlernen bestimmter Techniken. Ich muss mein Pferd unter mir erfühlen und mein Pferd muss mich ebenfalls fühlen. Nur so kann vertrauensvolle Zusammenarbeit entstehen. Ray Hunt sagt: »Es ist ein Gefühl, das einem Gefühl folgt.« Wenn ich einen Zügel aufnehme, möchte ich nicht mehr Gewicht in der Hand haben als mein Zügel wiegt.

Wir müssen also beides in unser Training einbauen: zum einen Druck aufbauen und darauf warten, dass mein Pferd dem Druck gegenüber nachgibt, zum anderen durch weiche und leichte Impulse mein Pferd weich und leicht erhalten. Da ein Pferd Druck gegenüber sehr leicht abstumpft und dann mit Gegendruck antwortet, muss das Training sehr ausgewogen stattfinden. Wenn mein Pferd schon bei der Bodenarbeit so weich ist, dass ich nur so viel Kraft brauche, dass ich meinen Führstrick bewegen kann, dann heißt das »so viel wie nötig, so wenig wie möglich!« Ich weise mit meinem Führstrick in eine Richtung und mein Pferd folgt diesem Führstrick. Wenn wir so weit sind, werde ich beim Reiten auch wenig Probleme bekommen. Es geht dabei weniger um konkrete Reiterhilfen, sondern darum dass mein Pferd das Gefühl kennen gelernt hat, das ich vermitteln möchte.

Deswegen ist diese Art von Arbeit mit dem Pferd auch unabhängig vom Reitstil. Ein Dressurreiter, ein spanischer Reiter, ein Westernreiter – eigentlich können alle etwas damit anfangen, wenn das Gefühl stimmt.

Wenn mein Pferd dieses Gefühl nicht kennen gelernt hat, sei es vom Boden oder vom Sattel aus, wird der Reiter immer manuell, also mit direkter Einwirkung, arbeiten müssen. Ich möchte aber irgendwann dahin kommen, dass ich mit einem indirekten Fühlen, mit Körpersprache mein Pferd unter mir bewegen kann. Ich möchte, dass mein Pferd zu mir »zurückfühlt« und mitdenkt. Ehe ich ausgedacht habe, wo ich hin möchte, hat mein Pferd es bereits ausgeführt. Das ist die Quintessenz des »leichten« Reitens.

Leider gibt es viel zu wenig Respekt in unserer Gesellschaft, sowohl unter den Menschen als auch von Mensch zu Tier. Vertrauen ist etwas, das man sich durch Fairness und gegenseitigen Respekt verdient. Der Respekt vor dem Lebewesen Pferd geht leider sehr oft in der Zusammenarbeit verloren. Der Verhaltensforscher wird bei diesen Begriffen die Stirn runzeln, denn ein Pferd kennt diese Wörter nicht. Ein Tier wird immer seinen natürlichen Instinkten folgen. Aber für einen Menschen sollten Fairness und Respekt die Grundlagen für das Vertrauen zwischen Pferd und Reiter sein. Es liegt in der Verantwortung des Reiters, die Eleganz und Ausstrahlung seines Pferdes zu erhalten. Nur ein Pferd, das nicht unterdrückt wird, kann ein selbstsicheres und edles Bild von sich vermitteln. Und dieses Bild fällt wiederum auf den Reiter zurück.

Mit Bodenarbeit fängt alles an

Pferde sind sowohl Herdentiere als auch Fluchttiere. Dies hat jeder Pferdebesitzer und jeder angehende Reiter sicher irgendwann einmal gehört oder gelesen. Welche Konsequenzen sich daraus im alltäglichen Umgang ergeben, ist leider nicht allen bewusst.

Eine Pferdeherde hat eine Hierarchie, die über Körpersprache, wie z. B. das Spiel der Ohren, aber auch mit massiveren Mitteln geregelt wird. Kommt ein neues Pferd in solch eine Herde, ist das besonders gut zu beobachten. Der Neuling muss sich erst seinen Platz in der bestehenden Rangordnung erobern. Ist er ein starker Charakter, wird das nicht ganz ohne Rangeleien vonstatten gehen. Es ist aber zu einfach und zu menschlich gedacht, dass das rangniedrigste Tier ein armer Tropf ist. Man kann oft beobachten, dass solche Pferde durchaus recht clever sind. Indem sie sich freiwillig an das Ende stellen, ist ihnen ein sorgenfreies Leben beschert, denn die ranghöheren Tiere müssen die Verantwortung für die Herde übernehmen, was oft mit einem gehörigen Maß an Stress verbunden ist.

Ich kann jedem angehenden Pferdebesitzer, aber ebenso solchen Menschen, die schon länger mit Pferden zu tun haben, nur eines empfehlen: Nehmen Sie sich einen Stuhl, setzen Sie sich immer mal wieder an den Rand einer Weide und studieren Sie eine Pferdeherde. Je größer diese Herde ist, umso authentischer wird die Beobachtung. Nehmen Sie sich diese Zeit, Sie werden eine ganze Menge Neues und Spannendes über Ihre vierbeinigen Partner lernen.

Ganz spannend wird es, wenn abends eine solche Herde in den heimatlichen Stall geholt wird. Sie werden schnell feststellen, dass es immer dieselbe Reihenfolge ist. Drängelt sich mal einer vor, bekommt er garantiert Probleme, nicht nur mit einem, sondern gleich mit mehreren Kollegen aus der Herde, denn jedes Pferd hat eben seinen angestammten Platz.

Der Fluchtinstinkt ist auch bei unserem domestizierten Pferd noch ausreichend vorhanden. Das heißt für mich, einen solch starken Instinkt kann ich nicht unterdrücken, sondern bestenfalls in eine für alle Seiten angenehme Richtung lenken. Ich muss diesen Instinkt immer wieder gedanklich in die Arbeit einbeziehen. Um mit einem Pferd ernsthaft zu arbeiten, d. h. es später auch reiten zu können, muss erst einmal sichergestellt werden, dass dieses Pferd mich akzeptiert und die Rangfolge geklärt ist.

Um dieses Ziel zu erreichen, steht vor allem anderen die Bodenarbeit. Wenn Sie vom Boden aus nicht mit Ihrem Pferd zurechtkommen, wird es auch im Sattel nicht klappen! Dazu gehört auch eine gehörige Portion Selbstkritik. Wenn eine Übung nicht so funktioniert, wie man es sich vorgestellt hat, ist einer von beiden überfordert. Dann sollte man ein paar Schritte in der Ausbildung zurückgehen und geduldig von vorne anfangen. Jedes Pferd hat sein natürliches Gleichgewicht, mischt sich der Mensch ein, verlieren viele Pferde diese Balance. Die Übungen geben dem Pferd sein Gleichgewicht zurück, ich lehre das Pferd, seine Beine zu »sortieren«. Außerdem soll es in schwierigen Situationen nicht kopflos davonstürmen, sondern seitwärts treten und auf meine Hilfen warten. Andere Übungen meiner Bodenarbeit erklären dem Pferd die Hilfengebung, wie ich sie später auch aus dem Sattel heraus machen werde. Im Grunde genommen ist alles, was ich mit dem Führstrick mache, dasselbe, was später der Zügel machen wird. Alles zusammen dient als Vorbereitung zum Einreiten, hat also einen direkten Zusammenhang mit dem Reiten und sollte darum nicht zum Selbstzweck werden.

Für die folgenden Übungen benötigen Sie nur das Knotenhalfter und den Führstrick. Halten Sie sich aber immer vor Augen, dass der Führstrick der spätere Zügel ist. Genauso fein wie ich später durch Zügel mit dem Maul meines Pferdes kommunizieren möchte, genauso fein ist jetzt die Abstimmung mit

Das Pferd sollte in das Halfter »eintauchen«.

Aufhalftern

Ziel

Ich möchte, dass mein Pferd zu mir kommt und sich in jeder Situation ohne Gegenwehr aufhalftern lässt.

Zuerst sortiere ich das Halfter, fasse mit der rechten Hand um den Hals des Pferdes, nehme das Ende des Halfters auf, lege diese Hand ganz leicht zwischen die Ohren und meine linke Hand ganz sanft auf den Nasenrücken. Meine rechte Hand (zwischen den Ohren) übt einen leichten Druck aus. Reagiert das Pferd mit Gegendruck, fängt die linke Hand (auf dem Nasenrücken) an zu wackeln, während die rechte den Druck nicht verstärkt, sondern gleichbleibend hält. Weicht das Pferd dem Druck nach unten aus, höre ich auf und lobe es ausgiebig. Weicht das Pferd nach hinten oder zur Seite, lasse ich es gehen, bis es einen ihm angenehmen Platz gefunden hat, verändere meine Handstellung jedoch nicht. Irgendwann wird es ruhig nach unten weichen, und ich lasse das Pferd in das Halfter eintauchen. Jetzt schließe ich das Halfter mit dem abgebildeten Knoten und lobe natürlich wieder ausgiebig. Vergessen sie dabei nicht das Atmen, besonders nicht das Ausatmen: Ihr Pferd reagiert auf die Spannung, die durch angehaltenen Atem entsteht.

Um mein Pferd möglichst weich und leicht in seinen Reaktionen zu erhalten, können Sie folgendes Experiment mit einbauen. Stellen Sie sich links neben ihr Pferd, Blick nach vorne (Fahrtrichtung Pferd), nehmen Sie Ihr Gewicht auf Ihr linkes Bein, wenden Sie Ihren Kopf ab und konzentrieren Sie sich darauf, aus dem Bauch heraus Ihr Pferd zu fragen, ob es den Kopf zu Ihnen wenden will. Nehmen Sie sich Zeit und warten Sie ab. In der Regel wird Ihr Pferd nach etwa fünf Minuten sich

dem Führstrick vom Boden aus. Jetzt habe ich die einmalige Chance, meinem Pferd ein Gefühl mitzuteilen. Ich kann es lehren, diesem Gefühl zu folgen, ja sogar dieses Gefühl zu suchen. Ich nehme beispielsweise den Führstrick in die Hand und anstatt daran zu zupfen oder gar zu ziehen, suche ich mir einen Punkt am Boden und fixiere ihn mit den Augen. Ich werfe den Führstrick in einer wellenförmigen Bewegung dorthin. Nach ein paar Versuchen wird mein Pferd ein Bein in diese Richtung setzen – es ist einem Gefühl gefolgt.

zu Ihnen wenden und die Nase in das Halfter stecken. Dieses Experiment soll verdeutlichen, mit welch geringem Kraftaufwand
ich an meinem Pferd arbeiten möchte.

> ## Wichtig
> Hat mein Pferd bereits beim Aufhalftern
> Mühe, sich auf mich und diese Übung
> zu konzentrieren, ist Geduld und Konse-
> quenz besonders wichtig. Geben Sie sich
> nicht mit einem »faulen« Kompromiss
> zufrieden. Erst wenn Ihr Pferd den Kopf
> senkt, ist es entspannt, und wenn es
> selbstständig in das Halfter »eintaucht«,
> hat es verstanden und will mitarbeiten.

Führen

> ## Ziel
> Das Pferd soll mir als sein Leittier über-
> allhin folgen ohne zu bummeln, aber
> auch ohne mich zu überholen oder gar
> zu rempeln.

Ich gehe mit dem Pferd am relativ langen,
losen Führstrick ein paar Schritte und bleibe
dann unvermutet stehen. Überholt mich das
Pferd, klatsche ich ihm mit dem Führstrick
sofort einmal kräftig gegen die Brust. Wahlweise kann ich auch meinen Fuß nehmen,
um dem Pferd zu verdeutlichen, dass es zwischen mir – dem Leittier – und ihm eine ausreichende Distanz zu wahren gilt.
Das ist eine Körpersprache, die jedes Pferd
versteht! Bleibt es hinter mir, so lobe ich es.
Glauben Sie mir, ein Mensch kann normalerweise niemals so stark ausschlagen, wie es
beispielsweise eine Leitstute machen würde,
wenn ein Herdenmitglied mal zu vorwitzig
ist und die Rangordnung missachtet.

> ## Wichtig
> Beim Führen nicht am Führstrick
> ziehen, sondern zupfen, gegebenen-
> falls schnalzen. Sorgen Sie dafür, dass
> Ihr Pferd von Ihnen weg kann, ohne
> am zu kurzen Führstrick hängen
> zu bleiben.

*Mit diesem Knoten schließt man das
Knotenhalfter.*

Am losen Führstrick folgt das Pferd einem Gefühl.

Das Pferd tritt unter und sortiert seine Beine.

Aufzirkeln

> ### Ziel
> Das Pferd soll mir aufmerksam nachfolgen und lernen, seine vier Beine zu koordinieren.

In dem Moment, wo das Halfter Druck auf den Pferdekopf ausübt, reagieren die meisten Pferde mit Gegendruck. Ich möchte nicht, dass mein Pferd lernt, sich einem Kommando mit seiner Körperkraft zu entziehen. Aus diesem Grund beginne ich eine Seitwärtsbewegung. Sobald das Pferd mit dem Kopf folgt, wird es – um das Gleichgewicht zu halten – mit den Beinen folgen. Die Seitwärtsbewegung leite ich ein, indem ich mich auf die Hinterhand zu bewege und an ihr vorbeilaufe. Sobald das Pferd ein Bein bewegt (meist das innere Vorderbein), lässt der Druck am Führstrick augenblicklich nach. Übung auf beiden Seiten wiederholen, dabei auch kleine Pausen nicht vergessen, um dem Pferd Zeit zum Nachdenken zu geben.

Über kurz oder lang möchte ich mit dieser Übung erreichen, dass mein Pferd auf ein leichtes Kommando am Führstrick hin alle vier Beine bewegt. Sobald ein Bein nicht mehr vom Boden abfußt, nehme ich den Führstrick wieder auf, damit das Bein nicht am Boden festfriert und das Pferd schwer wird, sondern die Bewegung flüssig und weich bleibt.

Wichtig

Diese Übung ruhig und ausschließlich im Schritt ausführen. Ein weiteres Ziel des Aufzirkelns ist es, dem Pferd einen Zweitakt zu vermitteln. Das macht man, indem man zum Zeitpunkt des Abfußens des hinteren äußeren Beines ein Kommando über den Führstrick an das vordere innere Bein gibt, welches das Pferd dazu veranlasst, das hintere Außen- und das vordere Innenbein diagonal gleichzeitig zu bewegen (Zweitakt!). Das ist eine gute Basis für das Rückwärtsrichten, welches ebenfalls ein Zweitakt ist.

Rückwärtsrichten

Ziel

Bei dieser Übung soll ein Pferd ebenfalls im Zweitakt (jeweils das diagonale Beinpaar) rhythmisch auf einer geraden oder sogar auf einer gebogenen Linie nach hinten treten, den Rücken wölben und den Kopf senken.

Ich teile das Rückwärtsrichten in verschiedene Phasen auf. In der ersten Phase richte ich mich auf, mache eine ruckartige Bewegung nach vorne. Das Pferd wird den Kopf hochnehmen, mich anschauen, die Ohren spitzen und dann einen Schritt rückwärts machen. Daraufhin lobe ich mein Pferd und wiederhole diese Übung. Ich erreiche damit, dass das Pferd rückwärts tritt, und zwar mit der Schulter nach oben. Ich möchte nicht, dass ein Pferd nach hinten schleicht, sondern dass ein Bein deutlich abfußt, nach hinten tritt und wieder auffußt. Dabei nehme ich zunächst in Kauf, dass der Pferdekopf oben ist.

In der zweiten Phase wird das Pferd damit vertraut, den Kopf tief zu halten. Ich leite das Rückwärtsrichten ein, indem ich eine Hand an den Kinnknoten des Halfters lege, mit dem kleinen Finger zum Kinn des Pferdes. Mit einer seitlich waagrechten Wackelbewegung fordere ich das Pferd auf, sich rückwärts zu bewegen. Sobald sich ein Bein vom Boden hebt, höre ich auf zu »wackeln«. Ich lobe mein Pferd und wiederhole diese Übung, bis mein Pferd Bein für Bein rückwärts bewegt. Nun schließe ich den kleinen Finger, wo-

Optimale Kopfhaltung und Zweitakt beim Rückwärtsrichten.

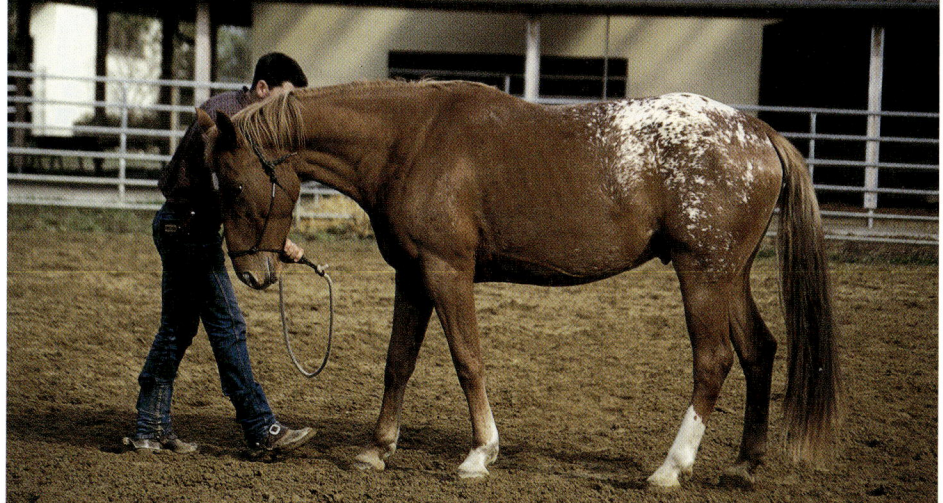

Durch das Ausgreifen des linken Vorderbeines wurde eine Lenkbewegung (rückwärts) vollzogen.

durch Druck hinter den Ohren, an den Backenknoten, am Nasenrücken und an den Kinnknochen entsteht. Dieser Druck soll das Pferd dazu auffordern, den Kopf zu senken. Sobald das passiert, und ist es nur für eine Sekunde, öffnet sich die Hand, sodass der Druck am Kopf aufhört, und wieder lobe ich mein Pferd.

> ### Wichtig
> Nehmen Sie Notiz von jedem kleinen Versuch des Pferdes, den Kopf zu senken oder rückwärts zu treten. Loben Sie das Pferd sofort. Bei dieser Übung zählt wirklich der kleinste Versuch seitens des Pferdes, etwas richtig zu machen! Verlangen Sie anfangs nicht zu viel.
> Das Rückwärtsgehen gehört nicht unbedingt zum angeborenen Verhalten eines Pferdes, sondern es tritt lieber die »Flucht nach vorne« an.

In der dritten Phase kann ich die Muskulatur der Halswirbelsäule bereits in der vertikalen Richtung biegsam machen. Während es beim Rückwärtsgehen den Kopf in die Senkrechte nimmt, die Schulter oben behält, deutlich ab- und auffußt, gymnastiziere ich mein Pferd bereits vom Boden aus!

Rückwärtslenken

Ich stehe z. B. links von meinem Pferd, drehe mich um, Blickrichtung entgegen der »Fahrtrichtung« des Pferdes. Meine linke Hand beginnt zu wackeln und richtet das Pferd rückwärts. Wenn nun das rechte Vorderbein des Pferdes abfußt, bewege ich meine Hand nach links und drücke das Pferdebein weg von mir. Das hintere, gegenüberliegende Bein wird sich bei einem Zweitakt ebenfalls vom Boden abheben und nach rechts bewegen. Mein Pferd wird sich auf diese Weise ausbalancieren und lenken.

Wichtig

Natürlich gibt es Pferde, die schon von Natur aus »schwer« in der Schulter sind, die zwar weich auf das Kommando zum Rückwärtsrichten reagieren, die aber in der Vorderhand nicht »leicht« sind. Da braucht es viel Zeit und Geduld, um zu einem zufrieden stellenden Ergebnis zu kommen. Es gibt allerdings einen kleinen »Trick«, um das Pferd zu animieren, die Schulter nach oben zu nehmen: Ich klopfe leicht mit dem Ende meines Führstrickes auf den Widerrist. Richtet sich das Pferd auf, erfolgt das Kommando zum Rückwärtsgehen.

Der Führstrick hängt durch, das Pferd zieht nicht an meiner Hand.

Koordination der Beine

Ziel

Das Pferd lernt, mit der Hinter- und Vorderhand zu weichen, Abstand zum Menschen zu halten und Zügelhilfen zu befolgen (Vorbereitung auf das spätere Reiten).

Ich schicke das Pferd am Strick (ca. 3 m) in einem kleinen Kreis um mich herum. Dabei ist meine Körperhaltung wichtig, sie soll Energie ausstrahlen und mein Pferd »vorwärts« motivieren. Ein kleiner Tipp: Atmen Sie tief durch, richten Sie sich auf, aber bleiben Sie locker und entspannt. Wenn Sie im Round Pen oder in einer Reithalle stehen und müde bzw. wenig motiviert sind, erwarten Sie von Ihrem Pferd auch keine Wunder. Sind Sie dagegen voller Tatendrang und Energie, wird Ihr Pferd sicher bald genauso motiviert sein.

Das Pferd belastet das innere Vorderbein um die Hinterhand nach außen positionieren zu können.

Das Pferd soll seine Zirkellinie halten, ohne an meiner Hand zu ziehen oder auf mich zuzukommen, um mich zu rempeln. Ich habe eine führende und eine treibende Hand. Die führende Hand ist mit dem kleinen Finger zum Pferd gerichtet und hält den Führstrick. Die treibende Hand hält das Ende des Führstricks. Die führende Hand weist dem Pferd den Weg, während die treibende Hand durch Schwingen des Führstricks das Pferd in Bewegung hält (Pferd steht oder wird langsamer = Führstrick schwingt; Pferd bewegt sich = Ende vom Führstrick hängt durch!). Bei Bedarf kann ich mit dem Führstrickende dem Pferd auch einen Klaps auf die Kruppe geben – denken Sie daran, Sie sind das Leittier und es gibt eine gewisse Distanz zwischen Ihnen und Ihrem Herdenmitglied! Während mein Pferd sich vorwärts bewegt, sorgt die führende Hand dafür, dass mein Pferd sich weder zu weit von mir weg bewegt (Pferd zieht am Halfter, führende Hand zupft), noch soll mein Pferd mich mit der Vorderhand bzw.

der Schulter aus dem Weg schieben. Sollte das doch mal passieren, hebt sich die führende Hand und bewegt sich in Richtung Pferdeauge, um das Pferd zum Weichen zu veranlassen. Dies wird so lange wiederholt, bis das Pferd in einem sauberen Zirkel um mich herumgeht.

> ### Wichtig
> Viele Pferde werden versuchen, sich durch Überaktivität dieser anstrengenden Sache zu entziehen. Darum geduldig das Pferd in den Schritt zurückführen und die Übung von vorne anfangen.

Wenn mein Pferd ruhig und aufmerksam zum Beispiel rechts herum auf der Zirkellinie bleibt, kann ich zur nächsten Stufe übergehen. Ist es einen Halbkreis um mich herumgegangen, greife ich mit den Händen um und zupfe nun mit der linken Hand (neuer

Das rechte Hinterbein nimmt Gewicht auf und entlastet die Schulter, Vorderbeine setzen zum Überkreuzen an.

Die Richtungsänderung ist vollzogen. Die treibende (rechte) Hand sorgt für Vorwärtsbewegung.

direkter »Zügel«) nach links oben, um dem Pferd die neue Richtung zu zeigen, es also abwenden zu lassen. Nach oben deshalb, weil ich mein Pferd mit dem »inneren Zügel« dazu veranlassen möchte, das vordere innere Bein zu blockieren. Als nächstes wird es seine Hinterhand nach außen bewegen und im optimalen Fall sollen sich die Hinterbeine überkreuzen. Dann treibe ich mit dem Strickende in der rechten Hand. Jetzt geht das Pferd mit der Schulter nach außen, im Idealfall die Vorderbeine überkreuzend, links um mich herum.

Ich lasse das Pferd einen Halbkreis gehen und wiederhole dann die Übung zur anderen Seite hin. Drückt das Pferd mit der Schulter auf mich zu, bewege ich mich energisch einen Schritt vorwärts auf den Kopf des Pferdes zu, hebe meine Hand Richtung Auge und schiebe das Pferd gewissermaßen von mir weg.

Aufbauend auf diese Übung kann ich das Pferd lehren, mit der Vorder- bzw. der Hinterhand zu weichen.

Dazu lasse ich das Pferd wieder links um mich herumgehen. Ich greife um, schicke das Pferd diesmal nicht in die andere Richtung, sondern gehe in dieser Haltung auf die Hinterhand des Pferdes zu – also in unserem Beispiel auf die linke Seite des Pferdes. Daraufhin sollte das Pferd mit der Hinterhand weichen. Zur Verstärkung kann ich am Führstrick zupfen, und zwar nach oben. Meine Hand befindet sich beim Zupfen in etwa an der Stelle, an der auch später meine Zügelhand sein wird. Damit kann ich das Pferd auf diese Zügelhilfe vorbereiten. Ist das Pferd mit der Hinterhand gewichen, bewege ich meine direkte Hand unter den Kopf des Pferdes durch, ziele mit der flachen Hand Richtung Auge (nicht in das Auge!), und veranlasse es somit, mit der Vorderhand zu weichen. Die Hinterhand sollte möglichst stehen bleiben. Versucht das Pferd, sich der Hilfe zu widersetzen, z. B. nach vorne wegzuspringen, kann ich mit der indirekten Hand (in unserem Beispiel die rechte) kurz am Führstrick knapp unter dem Halfter zupfen.

Das Pferd setzt an, mit dem linken Hinterbein unterzutreten.

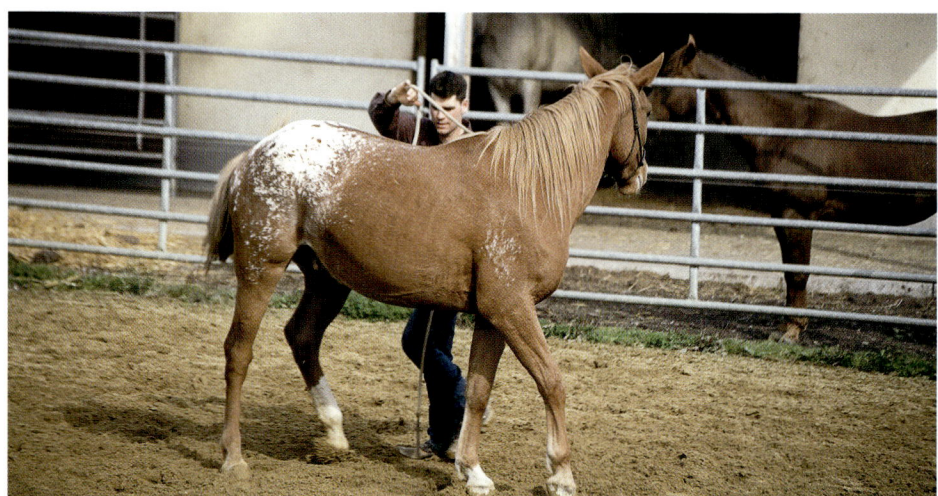

Das Pferd nimmt Gewicht auf die Hinterhand, um mit der Vorderhand weichen zu können.

Auch hier müssen wir zwei Dinge in das Training mit einbauen: Zum einen Druck aufbauen und darauf warten, dass das Pferd dem Druck gegenüber nachgibt. Zum anderen erhalten wir unser Pferd durch leichte und weiche Impulse genauso »weich« und »leicht«. Man könnte fast sagen, das Pferd ist mein »Spiegelbild«. In der Art und Weise, wie ich die »Fragen« stelle, so wird mein Pferd mir »antworten«. Ein Pferd stumpft einem Druck gegenüber schnell ab, es baut im ungünstigsten Fall massiven Gegendruck auf. Darum müssen wir jedes Training ausgewogen gestalten.

Wichtig

Achten Sie auf die eigene Körperstellung. Sie sollte leicht schräg zum Pferd vorne sein, damit es auch zur Seite weichen kann. Vermeiden Sie es, rückwärts zu laufen, damit signalisieren Sie dem Pferd eine niedrigere Rangfolge. Verlangen Sie von Ihrem Pferd, dass es Ihnen weicht! Durch entsprechende Bewegungen kann ich das »Leben« in meinem Pferd aktivieren oder deaktivieren. Sie erkennen an der Reaktion des Pferdes, wie viel Energie – oder Druck – Sie benötigen. Hektische Bewegungen machen ein sensibles Pferd ebenfalls hektisch, zu wenig Energie lässt ein phlegmatisches Pferd teilnahmslos werden. Ich versuche, meine Energie entweder hinter meinem Pferd zum Treiben oder vor meinem Pferd zum Wenden zu »bündeln«. Man muss jedoch aufpassen, dass man dem Pferd nicht im Weg steht. Erlauben Sie Ihrem Pferd auch, seine Beine schnell zu bewegen, z. B. durch einen Satz. Lassen Sie den Führstrick immer ausreichend lang.

Aussacken

Ich habe mein Pferd am Halfter und nehme den »Furcht einflößenden« Gegenstand, z. B. eine Plastikplane, und berühre das Pferd damit am ganzen Körper. Die eine Hand lobt, während die andere Hand am Pferd arbeitet. Das Pferd ist ein Fluchttier. Es merkt aber bald, dass es nicht fliehen muss, weil es nicht festgehalten wird. Bewegt sich mein Pferd von der Plane weg, darf es das, aber ich bewege mich mit. So lernt das Pferd, dass es dem »Ding« nicht entkommen kann, aber auch, dass dieses »Ding« ihm nichts Böses will. Zuletzt berühre ich das Pferd an seinen empfindlichen Stellen bzw. an Stellen, die das Pferd nicht sehen kann, wie die Ohren, die Brust, unter dem Bauch, am Schlauch bzw. am Euter. Ich wiederhole die Übung so

Berührung mit Plane u. ä. soll überall möglich sein.

lange, bis das Pferd ruhig stehen bleibt und ich es überall mit der Plane berühren kann. Diese Übung kann ich mit jedem anderen Gegenstand probieren. Auf dieselbe Art und Weise gewöhne ich das Pferd auch an ungewöhnliche Geräusche (z. B. Clipper).

Natürlich ist es auch bei dieser Übung wichtig, die richtige Dosierung für jedes Pferd anzuwenden. Einerseits muss ich eine gewisse Beherztheit und Konsequenz anwenden, andererseits muss ich sicher sein, das Pferd nicht zu überfordern. Beobachten Sie genau die Ohren und die Augen Ihres Pferdes. Erst wenn Plastikplane und andere schreckliche Dinge keine »Gefahr« mehr darstellen, kann ich mit der nächsten Übung weitermachen. Manche Pferde brauchen viele Wochen, um ausreichend vorbereitet zu sein. Bei besonders sensiblen Pferden gehe ich am Anfang jeder Trainingseinheit alle vorherigen Übungen der Bodenarbeit durch.

Das Rope simuliert den Sattelgurt. Man beachte die Ohrenstellung des Pferdes.

Pad, Sattelgurt und Sattel

Ziel

Es ist wichtig, dass das Pferd mit dieser neuen Situation nicht überfordert wird, sondern sich möglichst unkompliziert an das neue »Ding« auf seinem Rücken gewöhnt.

Durch unsere Vorarbeit, insbesondere das Aussacken, ist das Pferd gegenüber vielen Dingen des Alltags desensibilisiert worden. Keinesfalls soll das Pferd dabei teilnahmslos oder gar abgestumpft werden. Sobald ich das Gefühl habe, dass mein vierbeiniger Schüler innerlich entspannt und gelöst ist, beginne ich mit dem eigentlichen Aufsatteln.

Wieder stecke ich das Ende meines Führstricks in die hintere Hosentasche. Um das Pferd auf den Sattelgurt vorzubereiten, nehme ich nun mein Rope (oder sonst einen langen Strick), lege es um Rücken und Bauch (= Gurtlage), ziehe leicht daran, um ein Festzurren des Sattelgurts zu simulieren.

Bewegt sich mein Pferd vorwärts, halte ich das Rope auf Spannung, bis das Pferd steht. Ich wiederhole die Übung, bis das Pferd den »Gurt« akzeptiert. Ich kann diese Übung auch am hinteren Teil des Bauches wiederholen für den Fall des hinteren Bauchgurtes, allerdings mit mehr Vorsicht, da viele Pferde an den Flanken sehr empfindlich sind. Jetzt lege ich das Rope beiseite und beginne die Übungen mit dem Pad: Ich lege es auf den Rücken des Pferdes, aber auch auf Hals, Kruppe und alle anderen Körperstellen, bis mein Pferd ruhig steht und es akzeptiert.

Wichtig

Bei allen Übungen versuche ich, so natürlich wie möglich vorzugehen, d. h. ich vermeide keine Geräusche, klopfe öfters auf das Pad, um das Pferd an Lärm auf seinem Rücken zu gewöhnen.

Das erste Aufsatteln

Ziel

Das Satteln soll vom Pferd akzeptiert werden und die Übergänge Schritt-Trab-Galopp sollten weich und ohne Hektik stattfinden.

Ich klemme mir den Sattel unter den Arm und lege ihn mit sanftem Schwung auf den Pferderücken. Stellen Sie sich vor, Sie setzen sich einen Hut auf den Kopf! Wieder klopfe ich auf den Sattel, wackle mit den Steigbügeln, um das Pferd an Geräusche zu gewöhnen. Dann lege ich den Sattelgurt an und ziehe, bis ich leicht Kontakt mit dem Pferdekörper habe. Ich beobachte die Flanken meines Pferdes. Atmet das Pferd aus, ziehe ich den Gurt sanft an, atmet das Pferd ein, verharre ich. Diese Technik gibt mir die Möglichkeit, einem Gurtzwang vorzubeugen. Nach und nach ziehe ich den Gurt fester, um ein Verrutschen des Sattels zu verhindern. Aus Sicherheitsgründen nehme ich das Halfter ab.

Jetzt entferne ich mich von dem Pferd, achte aber darauf, dass es mir nicht folgt. Wann das Pferd den ersten Schritt macht, bleibt ihm überlassen. Die meisten Pferde werden langsam losgehen, antraben, den Rücken festmachen, den Kopf absenken und losbocken. Um es daran zu hindern, treibe ich es vorwärts. Meistens beruhigen sich die Pferde dann nach kurzer Zeit und gehen in einen Galopp über. Trotzdem berücksichtigen Sie, jedes Pferd ist in Temperament und Charakter unterschiedlich. Ein Pferd mit durchschnittlichem Gemüt wird sich relativ schnell beruhigen. Dann arbeite ich in allen drei Grundgangarten mit dem Sattel auf dem Rücken. Wird das Pferd in den Übergängen weich, ist das ein Zeichen für seine Entspannung.

Wichtig

Lernen Sie Ihr Pferd zu »lesen«, kleine Zeichen zu berücksichtigen und Situationen einzuschätzen, um Eskalationen zu vermeiden.

Zäumungen und Gebisse

Bevor wir uns mit dem Kapitel »Auftrensen« beschäftigen, werfen wir mal einen Blick in meine Sattelkammer. Dort sehen wir hauptsächlich die Zäumungen, wie wir sie aus dem Westernreiten kennen: eine einfach gebrochene Wassertrense (= Snaffle), ein gebrochenes Mundstück mit Schenkeln bzw. Anzügen (= Snaffle with Shanks), verschiedene Western-Kandaren, so genannte Bits, das sind verschiedene nicht gebrochene Mundstücke mit unterschiedlichen Schenkelformen. Des Weiteren finden wir Bosals in verschiedenen Stärken.

Das Bosal ist eine gebisslose Zäumung aus der traditionellen kalifornischen Reitweise. Es besteht aus einem Nasenstück und den weiterführenden Schenkeln, die sich unter dem Pferdekinn zu einem Lederknopf zusammenfinden. Früher wurde das Bosal aus Rohleder, so genanntem Rawhide geflochten, heute gibt es auch Bosals, die aus Leder-

streifen gefertigt werden. Ein gutes Bosal hat eine Rohlederseele von 4 bis 10 mm Dicke, um die die Rohhautstreifen kunstvoll geflochten sind. Bosals aus Metall sind im Turniersport verboten und haben auch im Training nichts verloren.

Bosals sind auf Grund ihrer aufwändigen Herstellung eine teure Anschaffung. Ebenfalls eine gebisslose Zäumung ist das Sidepull. Dieser Trainingszaum hat ein steifes Nasenband aus dem Material eines Ropes und einen Lederriemen unter dem Kinn. Wie der Name bereits sagt (Sidepull = Seitenzieher) sollte die Einwirkung hauptsächlich seitwärts erfolgen. Vorsicht: Bei grober Anwendung kann das Nasenband die Pferdenase wund scheuern. Alles in allem haben sich diese Zäumungen jedoch bewährt, da die Pferde meist sehr gut darauf reagieren.

Häufig fragen Reiter nach einem bestimmten neuen Gebiss, das wahre Wunder bewirken soll. Doch ich muss diese Menschen meist enttäuschen. Es ist ein alter Hut, wenn

Ich lege den Sattel auf den Pferderücken.

man sagt, dass jedes Gebiss so scharf oder so mild ist wie die Reiterhand, die es benutzt. Und selbst gebisslose Zäumungen haben ihre Tücken und sind nicht immer als tierschutzgerecht anzusehen. Auch wenn jedes Jahr irgendein anderes Gebiss »in« ist: Mit keiner noch so abenteuerlichen Zäumung wird ein Wunder passieren! Kein Gebiss der Welt ersetzt die feine Reiterhand und die angemessene Zeit der Übung! Mit einem normalen Snaffle kann der Freizeitreiter ein Pferdeleben lang zufrieden sein. Ausnahme – in der Zeit des Zahnwechsels kann ein Gebiss unangenehm werden. Man überbrückt diese Zeit aber gut mit einem Bosal oder Sidepull. Allerdings ist es nicht ratsam, ein Pferd mit einem Bosal anzureiten. Denn dann besteht die Gefahr, dass sich das Pferd im Hals »verwirft«, da der Impuls nach unten-seitwärts erfolgt. Auch besteht beim Bosal die Gefahr, bei unsachgemäßer Anwendung die Pferdenase mit dem Nasenteil wund zu scheuern. Ein rohes Pferd, das ich zum Anreiten ins Training bekomme, wird die ersten Impulse mit dem Halfter und einem Strick, zuerst vom Boden, dann vom Rücken aus lernen.

Wenn sich die ersten Erfahrungen mit Sattel und Reitergewicht gesetzt haben und mein Jungpferd auf alles gelassen reagiert, bekommt es eine einfache Wassertrense – jedoch zunächst ohne Zügel – ins Maul gelegt. Nach ein paar Tagen der Eingewöhnung werden die Zügel eingesetzt. Mein Training setzt darauf, die jungen Pferde so lange wie möglich in einer natürlichen Aufrichtung und Balance zu reiten, bis sie körperlich und mental so weit sind, an das Gebiss geritten zu werden.

Eine weitere Legende: Ein zweifach gebrochenes Mundstück bringe mehr Ruhe in ein Pferdemaul als ein einfach gebrochenes! Aus Erfahrung kann ich berichten, dass ein zweifach gebrochenes Gebiss zwar manchen Pferden hilft, die Mehrzahl der Pferde läuft allerdings ruhiger mit einem einfach gebrochenem Gebiss. Bei gebrochenen Gebissen wird zwar beidhändig geritten, der Zug darf aber niemals gleichzeitig auf beiden Zügel sein. Der berüchtigte Nussknackereffekt lässt sich ebenfalls durch das richtige Anpassen von Gebiss und Trense vermeiden.

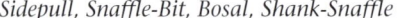

Sidepull, Snaffle-Bit, Bosal, Shank-Snaffle

Ein anderes Thema ist die Gebisswahl bei der Korrektur von Problempferden. Häufig wurden diese Pferde ohne Rücksicht auf deren individuelle Reife und Lerntempo angeritten. Sie haben gelernt, sich mit aller Kraft auf das Gebiss zu legen, die Schulter und den Hals steif zu machen, und das Reiterlein hat das Nachsehen. Manchmal erreiche ich dann mit einem Bosal einen Aha-Effekt. Mein Pferd weiß nicht, wo es sich drauflegen soll, und ich bekomme eine Möglichkeit, mit ihm zu kommunizieren. Allerdings würde dieser Effekt schnell verpuffen, wenn nicht noch ein ganzes Paket an weiteren Maßnahmen dazukäme.

Bei jedem Problempferd liegt ja eine ganze Lebens- und Leidensgeschichte davor, und einzig die Wahl einer anderen Zäumung würde sicher keine Wunder bewirken. Das muss ich auch bei den Pferden berücksichtigen, die schon älter sind und die berüchtigten »Hornhäute« auf Gaumen und Maulspalte haben. Bei ganz wenigen Ausnahmen greife ich dann zu einem »Correction Bit« oder »Twisted Wire«, wohl wissend, dass es nur für eine ganz kurze Zeit sein sollte!

Mein eigentliches Ziel ist es, die Pferde über ein Korrekturgebiss mit bestimmten Übungen weich und geschmeidig zu reiten, bis sie auch im sanften Gebiss weich und leicht werden.

Das gleiche gilt für Hilfszügel und andere Korrekturmaßnahmen. Korrektur heißt: Wenn's besser wird, weg damit, denn dann ist keine Korrektur mehr nötig! Leider ist oft das Gegenteil der Fall: Das schärfere Gebiss wird verwendet, bis das Pferd auch damit nicht mehr läuft. Das Pferd wird stumpfer und stumpfer und wandert deshalb von Gebiss zu Gebiss, schärfer und schärfer; ohne Rücksicht darauf zu nehmen, dass der Fehler vielleicht beim Reiter zu suchen wäre.

Auftrensen

Ziel
Genau wie beim Aufhalftern möchte ich, dass mein Pferd zur Trense kommt und nicht umgekehrt.

Nehmen Sie doch mal einen Löffel, führen diesen in Ihren Mund und schlagen damit gegen die Zähne. Das ist ausgesprochen unangenehm! Um das Pferd auf ein Stück Metall im Maul vorzubereiten, beginne ich zunächst, meinen Daumen in das Pferdemaul zu schieben; natürlich an der Stelle, an der sich keine Zähne befinden. Das Pferd wird versuchen, den Daumen mit der Zunge herauszudrücken. Vorsicht: Manche Pferde saugen den Daumen nach oben in Richtung Backenzähne. Ich warte ab, bis das Pferd den Daumen im Maul akzeptiert. Dann nehme ich ihn heraus und beginne von vorne. Ich wiederhole diese Übung, bis das Pferd das Maul geschlossen hält. Nun können wir einen Schritt weitergehen, indem ich statt des Daumens einen Führstrick ins Pferdemaul schiebe. Dazu lege ich den Strick hinter die Ohren, bilde damit eine Schlaufe um den Kopf und kann dann ein Stück des Strickes ins Maul schieben. Sollte das Pferd den Kopf hochnehmen, kann ich durch sanftes Festhalten der beiden Strickenden das Stück im Pferdemaul fixieren. Ich übe so lange, bis das Pferd den Strick festsaugt und eine gewisse Gewöhnung an den neuen Gegenstand im Maul eingetreten ist.

Bevor die Trense ins Pferdemaul kommt, muss Länge und Passform des Kopfstückes richtig eingeschätzt werden. Ansonsten könnte ich in die Verlegenheit geraten, die Trense auf halbem Weg wieder abnehmen zu müssen, um sie richtig einzustellen. Mit der rechten Hand halte ich das Kopfstück über den Oh-

Das Aufzäumen in der Reihenfolge

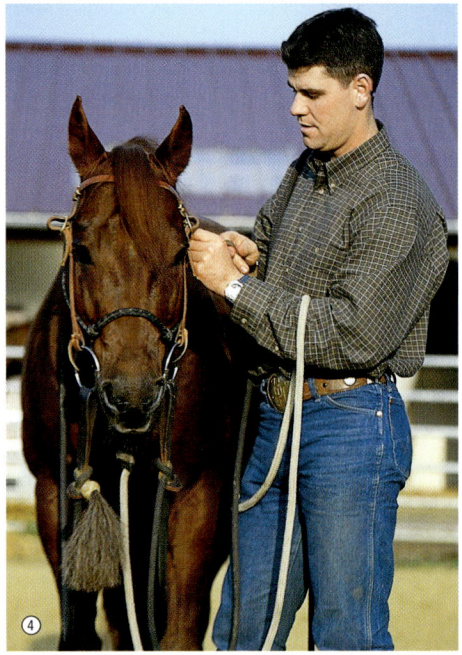

ren fest, während meine linke Hand das Gebiss an das Pferdemaul bringt. Der linke Daumen veranlasst mit Druck auf die Kinnlade das Pferd dazu, das Maul zu öffnen. Beim Einlegen des Gebisses ist zu beachten, dass das Metall nicht an die Zähne schlägt.

Nun kann ich mit meiner rechten Hand das Kopfstück hochziehen und mit der linken Hand die Ohren vorsichtig durchziehen. Übrigens: Als Vorübung empfiehlt es sich, an den Pferdeohren zu spielen, bis Ihr Pferd daran gewöhnt ist.

Als weitere Gewöhnung an das Mundstück kann ich das Pferd aufgetrenst unter Aufsicht Heu oder Kraftfutter fressen lassen. Die Trense sollte dabei aber aus Sicherheitsgründen keine Zügel haben. In Härtefällen kann ich meinem Pferd die Prozedur »versüßen«, indem ich das Gebiss vorher in Zucker tauche.

Wichtig

Ich achte darauf, dass das Gebiss die Pferdezähne möglichst nicht berührt. Wenn man das Kopfstück überstreift, dürfen die Ohren nicht geknickt werden.

Warum Pferde ein »linkes« und ein »rechtes« Bild von der Welt haben

Beim Fluchttier Pferd sind die Augen seitlich am Kopf angebracht. Damit hat das Tier fast eine Rundumsicht. Mit einem Auge erkennt das Pferd ein Raubtier oder eine andere mögliche Gefahr und mit dem anderen Auge wird es bereits nach einem Fluchtweg Ausschau halten. Auch die Ohren können in jede Richtung gedreht werden – und zwar unabhängig voneinander –, um jedes noch so kleine Geräusch wahrnehmen und entsprechend reagieren zu können. Dieses

Grundwissen über die Sinneswahrnehmungen unserer Pferde ist für das Training von großer Bedeutung. Arbeite ich beispielsweise mit einer Plastikplane oder einem anderen »schrecklichen« Ding von rechts und würde mein Pferd daran hindern, nach links auszuweichen, werde ich kein Vertrauen aufbauen können. Es macht mir nichts aus, wenn es sich hin- und herbewegt, vielleicht sogar »tänzelt«. Irgendwann hat es die Stelle gefunden, an der es sich wohl fühlt. Es kann sich dann wohl fühlen, wenn es die Plastikplane auf einem Auge einschätzen kann und auf dem anderen Auge seinen Fluchtweg sieht. Damit sich das Pferd das »schreckliche« Ding auch auf beiden Seiten einprägen kann, arbeite ich einmal von links und einmal von rechts. Genauso wichtig ist es, an verschiedenen Stellen des Round Pens oder eines anderen eingezäunten Platzes zu arbeiten. Arbeite ich beispielsweise immer an einem roten Pfosten, wird sich das Pferd dort bald wohl fühlen. Kommt jemand über Nacht und streicht diesen Pfosten grün an, hat sich die Situation am nächsten Tag geändert, und es braucht wieder eine gewisse Zeit, bis sich das Pferd auch am grünen Pfosten wohl fühlt. Pferde orientieren sich eher an Plätzen, an denen sie sich einmal wohl gefühlt haben, als an einem Menschen, der ihnen Sicherheit vermitteln will.

Die Stellung der Ohren gibt ebenfalls Auskunft über die Gemütsverfassung. Sind beide Ohren »gespitzt«, ist das Pferd konzentriert bei der Sache. Kippt ein Ohr jedoch ab, hat es entweder ein neues Geräusch geortet oder es versucht dadurch, einen Fluchtweg zu erkunden. Kommen noch andere Angstsymptome dazu, kann ich davon ausgehen, dass im nächsten Moment ein Fluchtversuch erfolgen wird. Der Mensch sollte auf so einen Satz oder Sprung immer vorbereitet sein, um sofort beruhigend einzuwirken. Er muss als

»Leittier« signalisieren, dass alles in Ordnung ist, jedoch nicht durch ruhiges Zureden, sondern durch sicheres Auftreten und Ignorieren von möglichen Gefahrenquellen. Würde der Mensch jetzt auch noch erschrecken und zur Seite springen, könnte die Situation eskalieren.

Unsere Bodenarbeit dient also dazu, dem Pferd jegliche Gelegenheit zu geben, sich uns und andere Dinge als auch die dazugehörigen Geräusche von links und rechts einzuprägen. Dann kommt auf einmal der Tag, an dem der Mensch auf dem Pferd sitzt. Für das Tier eine völlig neue Situation. Nicht nur das Gewicht auf dem Rücken irritiert, sondern es bekommt auf einmal zwei völlig neue Bilder: Es sieht den Reiter einmal mit dem einen Auge, beim Drehen des Kopfes dann mit dem anderen. Dies ist ein häufiger

Grund für das Bocken, denn dem Pferd wurde vielleicht noch zu wenig Zeit gelassen, sich diese neuen Bilder einzuprägen und zu einem Ganzen zusammenzufügen. Sehr häufig kann man das bei unerfahrenen Pferden beobachten. Das Tier dreht den Kopf nach links, nach rechts, wird hektisch, es senkt den Kopf, schüttelt ihn und fängt an zu bocken. Sein Bild von der Welt stimmt nicht mehr und es antwortet mit Panik und Flucht.

Dieser Situation kann ich vorbeugen, indem ich auf einen Zaun steige und dafür sorge, dass mein Pferd an mich herantritt. Wichtig dabei ist, dass das Pferd mich mit beiden Augen sieht. Steht es mit der linken Seite zu mir, klopfe ich es rechts mit dem Fähnchenstock ab. Dabei kann es schon mal passieren, dass es Angst bekommt und davonläuft. In

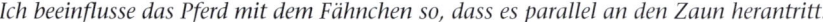

Ich beeinflusse das Pferd mit dem Fähnchen so, dass es parallel an den Zaun herantritt.

einem eingezäunten Platz kann ich es schnell wieder einfangen und beginne von vorne. Es bekommt alle Zeit der Welt, sich die neuen Bilder einzuprägen. Dann hole ich es mir von rechts und verfahre dort genauso. In Amerika werden viele Roping-Pferde nach folgender Methode ausgebildet: An einem Lasso werden Plastiksäcke befestigt, die mit ein paar Steinen gefüllt sind. Während der Cowboy auf einem Zaun sitzt, wird das Lasso mit dem Sack daran über den Sattel auf den Reitplatz geworfen und langsam herangezogen. Irgendwann hat ein Pferd alle Bilder gespeichert, es sieht Bewegungen auf jeder Seite und lernt, dass ihm kein Schaden zugefügt wird. Dann kann man mit dem nächsten Schritt weitermachen.

Erstaunlicherweise haben auch viele ältere, bereits gerittene Pferde dieses Problem. Ein bekanntes Beispiel ist dabei der Regenmantel, der vielleicht noch von einer Seite akzeptiert wird, auf der anderen Seite des Pferdes hingegen löst er entsprechende Panik aus. Daran erkennt man die Wichtigkeit dieser Übung. Erst wenn ich vom Boden aus mein Pferd ausreichend auf diese »schrecklichen« Dinge vorbereitet habe, kann ich auch im Sattel etwas verlangen.

Ein anderer Aspekt wird dabei leicht vergessen: Mit unserem Aussehen, d. h. angelegten Ohren, parallel angebrachten, nach vorn gerichteten Augen und evtl. gebückter Haltung entsprechen wir ganz dem Schema eines Raubtieres. Wir verlangen von unseren Pferden also Teamwork mit einem »Raubtier«. Habe ich mein Pferd nicht ausreichend vom Boden aus auf diese Zusammenarbeit vorbereitet, dann ist das Bocken nichts anderes als

Das Pferd steht in der gewünschen Position.

Das Pferd nimmt Bewegung auf beiden Seiten wahr (siehe Ohrenspiel).

Auswerfen und Heranziehen eines Gegenstandes.

Das Pferd akzeptiert die Bewegung auf beiden Seiten in einer gesteigerten Form.

der Versuch, einen ungeliebten Angreifer abzuschütteln. Das kann noch dadurch verstärkt werden, wenn der Reiter versucht, sich beim Bocken am Hals festzuhalten, um dann doch mit einem Schreckensruf links oder rechts am Pferdeauge vorbei auf dem Boden aufzuschlagen. Wenn da nicht sämtliche Instinkte in dem Fluchttier Pferd wach werden!

Es gibt sicherlich noch andere Gründe für ein Bocken des Pferdes. Dazu gehört vielleicht der nicht passende Sattel oder eine ganze Reihe von Rückenproblemen, die unter Umständen von einem Tierarzt abgeklärt werden müssen. Nach meiner Erfahrung stellen diese Pferde aber den kleineren Teil der Bocker dar. Häufiger ist die Ursache in der visuellen Wahrnehmung unserer Pferde zu suchen.

Manche Pferde werden auch zur Einseitigkeit erzogen, indem alle Tätigkeiten von der linken Seite her erfolgen. Viele Reiter lernen, ihr Pferd immer von links aufzuhalftern, von links aufzutrensen und dann steigen sie auch noch von links auf! Wenn ich bei einem Pferd feststelle, dass es von der rechten Seite her extrem scheu reagiert, dann baue ich das Halfter um, und sattle die nächste Zeit immer von rechts. Meine Strickhalfter, sogar das Gurtsystem am Sattel sind so ausgelegt, dass ich sie sowohl von links als auch von rechts benutzen kann. Das Halfter muß ich quasi nur umstülpen. Auf diese Art und Weise gewöhne ich dem Pferd an, dass dieselben Tätigkeiten von links und rechts möglich sind und nichts Schreckliches passiert.

»Schieben« und »Ziehen« am Auge des Pferdes

Ziel

Ich möchte mein Pferd durch einen Positionswechsel zu mir kommen lassen bzw. es von mir wegschicken können.

Ich möchte in der Lage sein, an einem Auge meines Pferdes entweder zu schieben oder zu ziehen. Was bedeutet das? Es bedeutet, dass mein Pferd auf ein Zeichen von mir, auf die veränderte Position meines Körpers hin reagiert. Genauso funktioniert es auch in einer Pferdeherde. Jedes Pferd hat einen bestimmten Radius um sich herum, der von anderen nicht so ohne weiteres verletzt werden darf. Positioniert sich das ranghöchste Pferd in einer Herde, das heißt, es beansprucht einen bestimmten Platz auf der Weide, dann weicht das rangniedere Pferd, um nicht in territoriale Konflikte zu geraten. Diese natürliche Gesetzmäßigkeit mache ich mir zunutze.

Ich kann mein Pferd zum Beispiel vorwärts schicken, indem ich indirekten Druck auf die Hinterhand ausübe, also den Platz hinter meinem Pferd für mich in Anspruch nehme. Keinen Sinn macht es, wenn ich das Pferd scheuche bis es keine Luft mehr hat, und es deshalb zu mir in die Mitte des Round Pens kommt. Bedauerlicherweise ist das für viele Pferdetrainer zum Mittelpunkt ihrer Arbeit geworden. Ich lege allergrößten Wert darauf, dass sich das Pferd leicht vorwärts schicken lässt, ohne viel Treiben, ohne Hektik und Nervosität. Nur in der Bewegung sind auch Fortschritte im Lernen und in der Kommunikation möglich!

Sinn und Zweck dieser ersten Übung im Round Pen ist es, dass sich mein Pferd auf mein Zeichen hin vorwärts bewegt und erst bei Aufforderung zu mir zurückkommt. Es ist ein Riesenunterschied, ob das Pferd von sich aus umdreht und zu dem Menschen hinläuft oder ob mein Pferd zuhört und auf mich wartet, bis es nach innen kommen darf. Während mein Pferd also am Zaun entlang läuft, signalisiert mir sein inneres Ohr, ob seine Aufmerksamkeit bei mir ist und es darauf wartet, herein kommen zu dürfen. Dann drehe ich mich einfach weg von meinem Pferd und gehe. Ich signalisiere mit meiner Körperhaltung, dass es zu mir kommen kann. Das Pferd wird zu mir schauen, sich vom Zaun abwenden und in meine Richtung gehen.

Es kann aber durchaus passieren, dass ein Pferd nicht mit mir »sprechen« möchte. Insbesondere bei Problempferden, die schon ein enormes Maß an Misstrauen gegenüber dem Menschen aufgebaut haben, wird diese Kommunikation nicht so ohne Weiteres

Ich beanspruche Platz hinter meinem Pferd.

Wie an einem unsichtbaren Führstrick ziehe ich das Pferd von der Wand weg.

möglich sein. Was ich auf keinen Fall möchte, ist ein Pferd so lange am Zaun entlang zu schicken, bis es ermüdet ist und gewissermaßen aufgibt. Stattdessen benutze ich das Rope wie einen verlängerten Arm, ähnlich der Wirkung des Führstricks bei der Bodenarbeit.

Hat mein Pferd mich angeschaut und ist nach innen gekommen, schicke ich es in die andere Richtung wieder weg. Von den vorbereitenden Übungen aus der Bodenarbeit heraus kennt mein Pferd bereits verschiedene Hilfen. Es kennt zum Beispiel die führende und die treibende Hand. Habe ich also mein Pferd mit Halfter und Führstrick gut vorbereitet, benötige ich keine aggressiven Mittel, um das Pferd in die Richtung zu schicken, die ich möchte. Wenn das innere

Ohr wiederum in meine Richtung fällt und mir das Pferd damit signalisiert, dass es auf mich aufpasst, drehe ich mich zur Seite und hole so mein Pferd von der Wand weg.

Mein Pferd schaut wieder nach innen und läuft dann auf mich zu. Ich bleibe in einer gewissen Entfernung von meinen Pferd stehen. Das Pferd wird dort stehen bleiben, wo es sich wohl fühlt. Kommt es zu mir, kann ich es auch loben. Habe ich ein vollkommen rohes Pferd, so wird diese Übung recht einfach und schnell vonstatten gehen. Diese Pferde sind unverbraucht, sie passen gut auf, lernen schnell jede neue Übung. Mit Pferden, die ich als etwas verdorben bezeichnen würde, dauert es länger.

Die Art und Weise, wie mein Pferd mich dann wieder verlässt, ist sehr wichtig. Ich

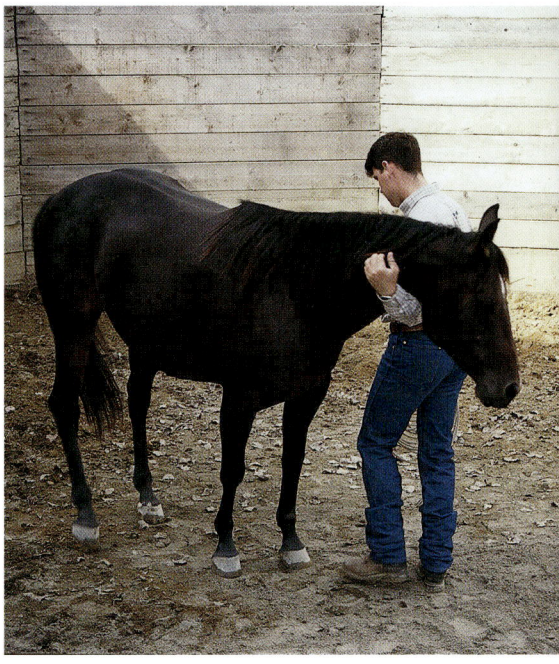

Durch »Drücken« am Auge schicke ich das Pferd auf den Hufschlag hinaus.

Durch Druck am Hals bewegt das Pferd die Hinterhand nach rechts.

möchte nicht, dass das Pferd mit einem Satz losrennt. Es soll mich langsam und ruhig verlassen und zum Hufschlag zurückkehren. Dann kann ich es wieder vorwärts schicken. Meine Position zum Pferd ist dabei sehr wichtig. Ich stehe nicht direkt am Pferd, sondern ein kleines Stück weit weg. Schicke ich mein Pferd rechts herum, so ist meine rechte Hand etwas höher. Mit dieser Hand deute ich leicht Richtung Auge und blockiere damit gewissermaßen den Kopf des Pferdes. So wahre ich die Distanz zwischen rangniederem und ranghöherem Herdenmitglied. Mit der linken Hand, die das Rope hält, klopfe ich leicht auf meinen Oberschenkel.

Mein Pferd läuft wieder zur Wand und ich lasse es antraben. So läuft es zwei, drei oder auch vier Runden, vielleicht auch nur eine. Entscheidend ist, wie aufmerksam mein Pferd auf meine Signale reagiert. Möchte mein Pferd von sich aus nach innen kommen, lasse ich das vielleicht ein-, eventuell zweimal zu. Auf keinen Fall öfter. Das Pferd darf nicht lernen, dass es selbst den Zeitpunkt bestimmen kann, wann es zu mir kommt. Sonst lässt sich ein Pferd irgendwann nur noch mit viel Druck nach außen bewegen und das ist nicht mein Ziel. Ich möchte, dass das Pferd meine Hilfe abwartet, die ihm erlaubt zu mir zu kommen.

Es sind wirklich viele kleine Positionsarbeiten, die ich machen muss, damit mein Pferd nicht die Aufmerksamkeit verliert. Es reicht also nicht, in der Mitte des Round Pens zu stehen und mit dem Rope herumzuwedeln.

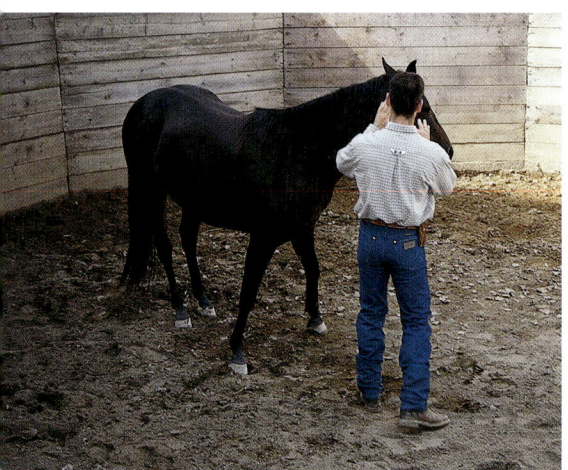

Ich wechsle die Seite und schiebe die Vorderhand nach links.

Nun bin ich hinter dem Pferd und »ziehe« es zu mir herum.

Ich muss mein Pferd beobachten: Wo schaut es hin, wie bewegt sich die Hinterhand, usw.? Für unsere Arbeit im Round Pen ist auch wichtig zu wissen, dass Pferde »blinde Flecken« haben. Das ist zum einen die Stelle über der Schweifrübe und zum anderen die unter dem Kinn. Pferde haben eine große Rundumsicht, nur dort sind sie gewissermaßen »blind«. Ich nutze die Stelle hinter der Schweifrübe, um das Pferd ohne Einwirkung durch Führstrick o. Ä. herumzudrehen. Hinter dem Pferd stehend bewege ich mich z. B. etwas nach links, so dass mich das Pferd mit seinem linken Auge sehen kann. Im Idealfall wird es auch das linke Ohr zu mir drehen. Um mich besser in sein Blickfeld zu bekommen, wird es dann auch seinen Kopf drehen. Trete ich nun langsam mit leicht erhobener Hand einige Schritte zurück, wird mir mein Pferd wie an einem unsichtbaren Führstrick folgen. Bei der nächsten Übung will ich eine 360°-Grad-Drehung erreichen: Ich stehe entgegen der Fahrtrichtung an meinem Pferd, greife von unten her an die andere Seite des Halses und drücke mit meinen Fingern auf einen Muskel. Anfangs wird mein Pferd das nicht ganz verstehen. Ich drücke einfach weiter, jedoch nicht fester. Ich warte so lange, bis mein Pferd die Hinterhand von mir weg bewegt. Sobald das Pferd einen Schritt mit der Hinterhand macht, lasse ich es los. Ich streichle mein Pferd an der Stelle, wo ich zuvor gedrückt habe, und warte, bis es wieder ruhig steht. Drückt das Pferd gegen mich, bleibe ich einfach stehen. Ich drücke nicht dagegen, sondern versuche es zu ignorieren. Wichtig ist lediglich, dass meine zweite Hand nicht in Aktion tritt. Ziel ist es ja, dass das Pferd auf Druck von einer Hand die Hinterhand bewegt. Ebenso wichtig ist es, dass das Ganze nicht in einer Rauferei ausartet. Auch wenn mein Pferd anfangs vielleicht gegen die Hand drückt, bleibe ich ruhig und konstant mit meiner Hilfe. Irgendwann macht das Pferd einen Schritt in die richtige Richtung und wird dafür gelobt.

Wenn diese Übung weich und leicht funktioniert, erweitere ich sie. Sobald mein Pferd auf Druck meiner Hand mit der Hinterhand herumgeht, lasse ich diese Hand am Hals los, wechsle die Seite am Pferd und schicke die Vorderhand durch leichten »Druck« am Auge herum. Wenn das Pferd mit der Vorderhand gewichen ist, gehe ich hinten am Pferd vorbei und ziehe es über das andere Auge wieder zu mir. Ich wiederhole diese Übung so lange, bis ich mit meinen Fingern so gut wie keinen Druck mehr ausüben muss. Das Pferd lernt so bereits, sich auf kleinste Hilfen hin zu bewegen.

Die Arbeit mit dem Rope

Ich brauche dazu nicht unbedingt ein Rope, es kann genauso gut ein entsprechend langer Baumwollstrick sein. Wichtig dabei ist, dass das Rope oder der Strick keine Haken besitzen oder irgendetwas, womit sich das Pferd verletzen könnte. Der Strick muss natürlich so lang sein, dass immer genügend Sicherheitsabstand vorhanden ist, falls ein Pferd nach dem Strick oder nach dem Menschen tritt. Sicherheit steht immer an erster Stelle! Deswegen mache ich anfangs beim Rope auch nicht die Schlinge zu. Zuerst berühre ich mein Pferd überall mit dem Rope (oder einem Strick) und klopfe es ab. Ich fange also quasi wieder von vorne an, mein Pferd damit auszusacken, vor allen Dingen an den Beinen. Mein Pferd soll jetzt als erstes lernen, einem weichen Druck nachzugeben. Diesen Druck übe ich zunächst an den Beinen aus. Warum? Ich muss mir folgendes vorstellen: Wenn ein Pferd mit seinen Beinen irgendwo hängen bleibt, gerät es in Panik. Es gilt also, diese Angstschwelle auf ein Maß herunterzubringen, mit dem man umgehen kann. Wenn mein Pferd nie gelernt hat, stehen zu bleiben, wenn etwas seine Beine blockiert, ist die Verletzungsgefahr bei entsprechenden Zwischenfällen sehr groß, z.B. wenn ein Pferd in einen Zaun gerät oder in einen Strick. Dem kann ich vorbeugen. In Amerika ist das die Vorbereitung auf das Hobbeln. Ein Arbeitspferd muss draußen mit allen Situationen fertig werden! Das Pferd lernt dadurch, dass es nicht einfach flüchten kann oder muss, wenn es festgehalten wird.

Ich nehme jetzt also einen Strick, fahre eins der Beine ab und fädle den Strick hinter dem Bein durch, lasse ihn nach unten gleiten bis zur Fesselbeuge und ziehe leicht daran. Sobald das Pferd auch nur ein bisschen daran denkt nachzugeben, lasse ich sofort los. Steht mein Pferd auf seinem Fuß, ziehe ich wieder leicht an meinem Strick, nehme den Druck also wieder auf. Gibt mein Pferd nach, gebe ich sofort auch wieder nach. Dieses wiederhole ich so lange, bis mein Pferd wirklich weich nachgibt. Jeder Zug oder Druck, der vom Pferd mit einem Nachgeben beantwortet wird, wird von mir mit dem Wegnehmen des Drucks belohnt! Irgendwann macht mein Pferd bei dieser Übung einen Schritt vorwärts. Das ist unser nächstes Ziel – der Schritt vorwärts mit einem Bein. Funktioniert dieser Schritt vorwärts, versuche ich es mit einem Schritt seitwärts. Mit Schritt meine ich wirklich nur eine kleine, natürliche Bewegung des Hufes in die gewünschte Richtung. Bleibt das Pferd auch bei dieser Übung ruhig, kann ich die Schlinge enger ziehen.

> ### Wichtig
>
> Bei diesen Übungen trägt das Pferd ein Halfter und ich halte es am Führstrick, damit es sich nicht selbstständig machen kann! Sollte es nämlich davonlaufen, besteht die Gefahr, dass das Pferd hängen bleibt und Dinge passieren, die wir eigentlich vermeiden wollten. Darum diese Übungen sehr vorsichtig und langsam durchführen.

Unser Ziel ist es, dass das Pferd lernt, nachgiebig auf den Zug eines Strickes zu reagieren. Natürlich fange ich mit dieser Übung an den Vorderbeinen an, da das Pferd besser sieht, was passiert. Wenn das gut funktioniert, kann ich die Übung an den Hinterbeinen fortsetzen. Dort ist entsprechende Vorsicht geboten, da ein Pferd nicht nur nach hinten, sondern auch seitwärts ausschlagen kann. Wenn wir soweit sind, dass das Pferd auch mit dem Hinterbein einen Schritt vorwärts oder einen Schritt seitwärts macht sobald ich leicht am Rope ziehe, kann ich die Schlinge zu machen. Seien Sie darauf gefasst, dass Ihr Pferd daraufhin heftiger reagieren wird, eventuell zappelt, um das Rope loszu-

werden. Ich werde bei einer solchen Reaktion leicht dagegenhalten, wie eine Art Gummizug. Was auf keinen Fall passieren darf, ist, dass sich das Pferd »verbrennt«. Also niemals das Rope mit einer solchen Kraft benutzen, dass es zu Verletzungen in der Fesselbeuge kommt. Darum benutze ich auch keine Handschuhe. Habe ich mir die Finger verbrannt bei dieser Arbeit, heißt es nichts anderes, als dass mein Timing schlecht war und ich zu viel Zug am Rope hatte. Hätte ich Handschuhe getragen, hätte mein Pferd diesen Zug abbekommen und sich verletzt.

Sicherlich wird man sich am Anfang auch mal die Finger verbrennen, bis man das Gefühl für das Rope bzw. den Druck heraus hat. Aber da meine Haut dünner ist, ist das ein Gradmesser für den Zug und hilft, andere Verletzungen zu vermeiden.

Klappt diese Übung auch an der Hinterhand recht gut, kann ich sie erweitern. Denken wir einfach an den nächsten Schmiedetermin. Viele Pferde haben besonders hinten ein Problem mit dem Aufheben und dem Beschlagen. Bei dieser Übung fixiere ich das Pferd mit einem stabilen Halfter und Führstrick (auf keinen Fall das Knotenhalfter, vgl. Seite 14) an eine stabile Anhängevorrichtung oder bediene mich einer zweiten Person, die aus Sicherheitsgründen hinter dem Zaun steht und den Führstrick hält, der um einen Pfosten gewickelt ist. Keinesfalls darf ein Knoten gemacht werden. Der Helfer hält den Strick auch nur leicht in der Hand. Ich mache mir diese kleine physikalische Übersetzung der Kraft durch die Wicklung am Pfosten zu Nutze. Sollte ich das Pferd jedoch loslassen müssen, falls die Gefahr eines Unfalles besteht, dann kann es den Strick selbst von dem Pfosten »abwickeln«.

Das Rope befindet sich mit der Schlinge um ein Hinterbein und ich übe einen leichten Zug aus. Dann kann ich das Bein vorsichtig nach hinten herausziehen, halte diesen Zug aufrecht und lasse das Bein los, sobald das Pferd nachgibt. Steht das Pferd ruhig auf seinem Bein, nehme ich den Zug wieder auf, und zwar solange, bis ich das Bein ohne Probleme nach hinten strecken kann. Ziel ist es wieder, dass das Pferd wie bei einem Hufschmiedtermin das Bein nach hinten gibt, aber ohne Zappeln, Durchziehen des Hufes oder Kicken nach der Person, die dort steht. Mein Pferd lernt mit der Zeit, bei einem Zug an den Beinen – sei es, weil es festgehalten wird oder weil es festhängt – nicht in Panik zu verfallen, sondern ruhig zu bleiben, eventuell einen Schritt vorwärts oder rückwärts zu gehen und abzuwarten. Das ist keineswegs normal für das Fluchttier Pferd, aber es hilft bei vielen Dingen, die im Alltag nun mal passieren können.

Nach den Beinen arbeite ich mich zum Bauch hoch als Vorbereitung für das spätere Anziehen des Gurtes. Viele Pferde sind dort empfindlich bis hin zu einem Gurtzwang. Das kann ich ändern, indem ich mit meinem Rope eine Schlinge um den Bauch mache. Diese Schlinge werde ich Stück für Stück zuziehen, um einen Sattelgurt zu simulieren. Besonders bei jungen Pferden ist es hilfreich, sie mit dem Druck auf den Bauch vertraut zu machen. Dabei achte ich darauf, nur dann die Schlinge etwas enger zu ziehen, wenn das Pferd ausatmet. Würde ich ziehen, wenn das Pferd einatmet, ist das Gefühl des Einengens wesentlich größer, da Brustkorb und Bauch doch recht viel Platz benötigen. Keinesfalls darf ich die Schlinge bzw. später den Sattelgurt mit einem Ruck schließen. Das würde wie ein Schreck durch das ganze Pferd gehen. Vielleicht kann man sich das bildlich vorstellen, wenn bei einem tiefen Einatmen Bauch bzw. Brustkorb auf einen einschneidenden Gegenstand treffen, an den das Pferd noch nicht gewöhnt ist. Andersherum wird das Pferd beim nächsten Einatmen einfach auf weniger Platz treffen, die Gewöhnung an einen Bauchgurt erfolgt ruhig und ohne Schrecken. Geht mein Pferd aufgrund der Spannung am Bauch los, lasse ich es gehen, leite jedoch die Beine in eine von mir gewünschte Richtung und halte den Zug am Rope aufrecht, bis mein Pferd stehen bleibt. Sobald mein Pferd steht, lasse ich mit dem Druck am Rope nach, damit mein Pferd lernt: 1. Ich kann loslaufen, wenn ich denke, ich muss, und werde nicht gezwungen zu bleiben. 2. Der unangenehme Druck hört auf, sobald ich stehen bleibe.

Das zieht sich ohnehin wie ein roter Faden durch unsere Arbeit. Wenn ich bei neuen und ungewohnten Dingen mein Pferd immer mit dem Nachgeben des Drucks meinerseits belohne, wenn es ruhig bleibt, habe ich den gewünschten Erfolg. Wenn es aber einen Fehler macht und ich trotzdem loslasse, kann ich nicht erwarten, dass es beim nächsten Mal ruhig bleibt. Das ist es, was ich unter »Kommunikationsproblemen« verstehe.

Wenn ein Afrikaner und ein Chinese, die sich vorher noch nie gesehen haben, zusammenarbeiten müssen, wird das anfangs zu großen Problemen führen. Da beide aus verschiedenen Kulturkreisen stammen, funktioniert weder eine Zeichensprache noch die verbale. Sagen wir jetzt mal, der Chinese ist der Teamchef und gibt die Arbeit vor. Er muss dem Afrikaner angeben, eine von zehn Türen zu öffnen, beispielsweise »Tür fünf«. Er signalisiert mit den Händen »Tür fünf«, macht eine Handbewegung zu den Türen, versucht den Handgriff zu beschreiben. Der Afrikaner zuckt immer mit den Schultern. Es interessiert ihn eigentlich auch nicht, denn je mehr er dazulernt, umso mehr muss er auch arbeiten. Irgendwann wird es dem Chinesen zu viel, er geht zum

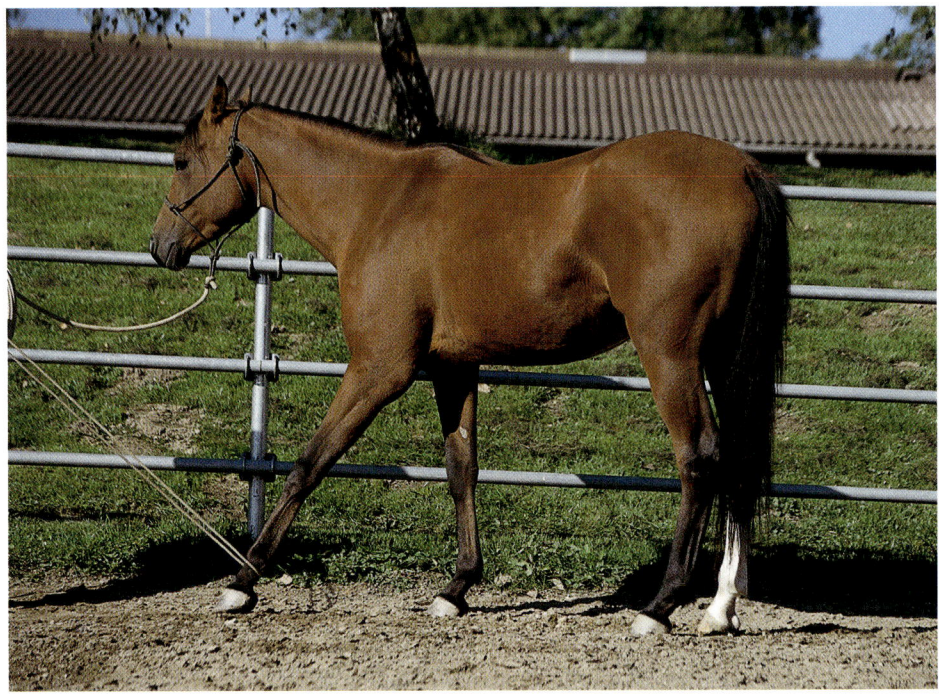

Das Pferd soll auf Zug mit Nachgiebigkeit reagieren.

Afrikaner und steckt ihm einen Finger ins Ohr. Der Afrikaner denkt natürlich »Was soll denn das?« Es ist ihm nicht angenehm, er kann sich aber nicht wehren, da der Chinese ja sein Vorgesetzter ist. Allmählich bekommt der Afrikaner eine Ahnung von dem, was er machen soll. Er geht auf die Türen zu und macht die erste Tür auf. Der Chinese lässt aber nicht los. Daraufhin macht er die nächste Tür auf, der Chinese lässt immer noch nicht los. Der Afrikaner versucht es mit der nächsten Tür, und so weiter, bis beide bei der fünften Tür angelangt sind. Kaum dass der Afrikaner den Griff in der Hand hat, nimmt der Chinese den Finger aus seinem Ohr. Jetzt weiß der Afrikaner: Wenn er den Finger im Ohr hat, will sein Chef, dass er Tür fünf aufmacht. Irgendwann sind beide so aufeinan-

der eingespielt, dass der Chinese nur noch mit dem Finger auf das Ohr deuten muss, und der Afrikaner weiß, dass er Tür fünf aufmachen muss. Das funktioniert deshalb so gut, weil der Chinese beim ersten Mal ein gutes Timing bewiesen hat.

Wenn der Chinese allerdings den entscheidenden Augenblick verpasst, weil er sich schlecht konzentriert, mit jemand anderem ein Schwätzchen hält, dann passiert vielleicht Folgendes: Er nimmt den Finger erst aus dem Ohr, als der Afrikaner schon die Tür fünf aufgemacht hat und bereits auf dem Weg zur Tür sechs ist. Damit hat er erreicht, dass der Afrikaner eine ganz andere gedankliche Verbindung schafft. Er wird vermutlich immer dorthin gehen, wo der Chinese den unangenehmen Druck vermindert hat. Die-

Das Pferd darf nicht am Knotenhalfter festgebunden werden.

ser denkt womöglich noch: »Der Afrikaner ist aber auch selten dämlich.« Der wiederum weiß nicht, was los ist, denn er macht doch immer die Türe auf, an der sein »Chef« losgelassen hat. Diese Situation kann eskalieren, da beide von verschiedenen Voraussetzungen ausgehen und nicht zu einer einheitlichen Verständigung kommen.

Kommen wir zurück zu unserer Arbeit mit dem Rope (oder einem vergleichbaren langen Baumwollstrick). Ein Pferd hat nicht nur eine Sattel- und Gurtlage. Vergessen sollte man auch nicht den hinteren Teil des Pferdebauches. Dort kann einmal der Back Cinch (hinterer Bauchgurt) liegen. Wir verfahren dort genauso langsam und vorsichtig wie beim vorderen Bauchgurt. Dann lege ich meinem Pferd die Schlinge um den Hals und arbeite

an der Nachgiebigkeit von Kopf und Hals. Sie werden jetzt vielleicht fragen: »Was soll das? Das Pferd kennt doch das Halfter und lässt sich daran führen.« Das ist genau der Grund, warum ich das Halfter nicht nehme. Ich möchte mein Pferd nicht an dem Halfter »herumziehen«, sondern ich möchte – wie an den Beinen – dass es weich und nachgiebig wird. Ich lege also die Schlinge um den Pferdehals und fange mit den Übungen an, die wir schon von der Bodenarbeit her kennen, also Aufzirkeln, Richtungswechsel um mich herum, Rückwärtsrichten, usw. Sollte mein Pferd Probleme zeigen, weil es nur die Schlinge um den Hals hat, kann ich zusätzlich eine Schlaufe um die Nase herum machen (ein so genanntes Indianerhalfter). Besonders beim Rückwärtsrichten muss ich

»Indianerhalfter«

viel entgegenzusetzen. Bei einem Bosal hat das Pferd nie gelernt, sich drauf zu legen, und ich werde alles dafür tun, es nicht herausfinden zu lassen, dass es das könnte. Sollte das Pferd zu heftig werden, bekommt es mit dem Bosal eine Parade. Es werden völlig andere Nervenbahnen angesprochen als sonst und mein vierbeiniger Schüler hat erst mal einen Aha-Effekt. Ich kann ein Pferd mit neuen Sachen ganz anders beeinflussen. Selbstverständlich darf ich mich auch hier nicht auf ein Kräftemessen einlassen. Wenn mein Pferd nur einen kleinen Moment aufgrund der neuen Erfahrung nachgibt, gebe ich auch nach. »Ein Gefühl folgt einem Gefühl« – das ist der Moment, in dem für das Pferd ein neuer Lebensabschnitt beginnt.

Fahren vom Boden

> ### Ziel
> Das Pferd soll weich auf Zügelhilfen reagieren. Es lernt ohne störendes Reitergewicht die Lenkung und die Übergänge zwischen den einzelnen Gangarten.

darauf vorbereitet sein, dass es nicht sofort versteht, was ich von ihm möchte. Sollte es nach vorne drücken, gebe ich mit einem Zupfen einen leichten Impuls, bis es ruhig steht, und die Übung von vorne los geht. Besonders bei älteren Pferden habe ich die Erfahrung gemacht, dass ich auf die Art und Weise wieder eine höhere Sensibilität erreichen kann. Vermutlich haben schon so viele Leute mit viel Kraft am Halfter »herumgezogen«, dass das Pferd auf diesem »Ohr« taub ist. Das Rope ist eine neue Erfahrung, das Pferd wird neugierig und hört wieder besser zu.

Das ist auch der Grund, warum ich bei vielen Reitpferden, die zu mir ins Training kommen, mit einem Bosal anfange. In der Regel kennen die Pferde diese Art der Zäumung nicht. Selbst bei einem Durchgänger habe ich damit einen guten Einstieg. Dieses Pferd hat gelernt, sich mit enorm viel Kraft auf ein Gebiss zu legen, da habe ich kraftmäßig nicht

Zunächst ist wieder die Vorbereitung mit dem Rope ganz wichtig. Ein unvorbereitetes Pferd wird vermutlich nach vorne loslaufen, eventuell auch nach hinten ausschlagen, wenn etwas seine Hinterhand berührt. Erinnern wir uns – genau hinter der Schweifrübe befindet sich beim Pferd ein »blinder« Fleck. Und der Instinkt sagt unserem Pferd: Was sich hinter mir befindet, könnte etwas Gefährliches sein! Wenn ich sicher bin, dass mein Pferd auf alles gelassen reagiert, was hinter ihm passiert – auch wenn ein Strick mal zwischen die Hinterbeine rutscht –, dann kann ich zum Fahren vom Boden aus übergehen.

Anfangs benutze ich in der Regel ein Sidepull. Sollten Sie diese Art der Zäumung nicht besitzen, können Sie ebenso gut ein Knotenhalfter nehmen. Beachten Sie dabei aber, dass Sie die Zügel oder Longen genauso einhaken wie bei einem Sidepull, um die korrekte seitliche Einwirkung zu haben. Übrigens: Ich benutze einen hellen und einen dunklen Zügel, um einer Verwechslung vorzubeugen. Bis ein Pferd sich wirklich leicht lenken lässt, wird es sicherlich die eine oder andere Situation geben, in der ich sekundenschnell am richtigen Zügel ein Kommando ausführen muss. Sollte ich dann den falschen Zügel erwischen, könnte das sehr unangenehm werden. Allein schon aus Si-

cherheitsgründen für alle Beteiligten hat sich diese Eselsbrücke mit den zweifarbigen Zügeln bewährt.

Als nächstes verbinde ich die Steigbügel mittels eines Heubands unter dem Pferdebauch, damit sie seitlich ruhig liegen – auch das wieder aus Sicherheitsgründen. Wie durch eine Öse führe ich die Zügel durch den Bügel und es muss gewährleistet sein, dass diese auch dann ruhig herunterhängen, wenn ich eine seitliche Zügelhilfe gebe. Warum fahre ich ein Pferd vom Boden aus? Sämtliche Hilfen, die ich später vom Rücken aus dem Pferd gebe, kann ich hier bereits üben. Ich gehe mit dem Pferd über Planen und Stangen und sollte es dabei einmal vor Schreck einen Hüpfer machen, sehe ich das sehr gelassen, denn es kann mich dabei

Vorbereitung zum Fahren vom Boden. Der Strick um die Hinterhand simuliert die Fahrleinen.

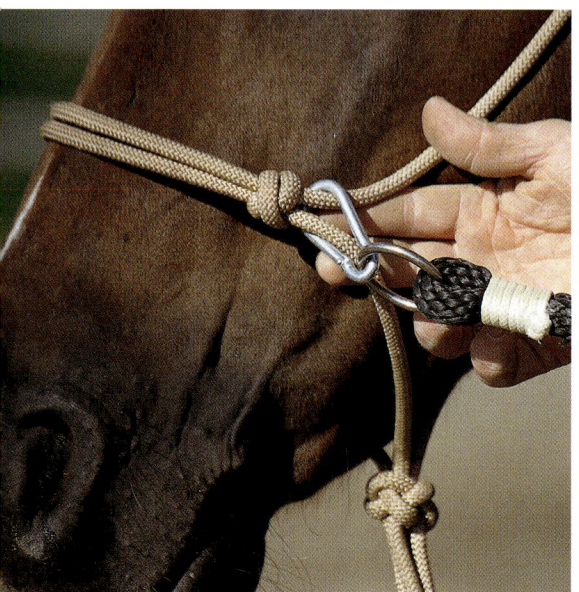

Um seitlichen Zug anwenden zu können, sollte der Haken so am Halfter befestigt werden.

Die Bügel werden locker unter dem Bauch zusammengebunden.

nicht verlieren. Diese Übung befindet sich in der sensiblen Phase zwischen Bodenarbeit und Reiten. Sie bietet mir die Möglichkeit, dem Pferd alle Hilfen Schritt für Schritt vom Boden aus zu erklären.

Funktioniert die Lenkung schon einigermaßen, lasse ich mein Pferd um Tonnen herumlaufen. Auf diese Art und Weise biete ich dem Pferd eine Abwechslung im Training und gymnastiziere es ganz nebenbei. Bei jedem Richtungswechsel wird sich mein Pferd »um eine Tonne biegen«. Achten Sie auch darauf, dass Sie Ihrem Pferd auf einer Linie folgen können. Das ist ein sicheres Zeichen dafür, dass Ihr Pferd flexibel ist und das innere Hinterbein die Last aufnehmen kann. Sollte das nicht der Fall sein, gehen Sie ein paar Schritte zurück zur Bodenarbeit.

Vermeiden Sie ständiges Zupfen nach links und rechts. Das verleitet Ihr Pferd dazu, nur den Kopf herum zu nehmen, und das Ganze endet in einem hektischen Slalom. Selbstverständlich findet das Fahren vom Boden aus erst mal im Schritt statt. Für das Pferd ist es schon eine große Umstellung, dass sein Herdenführer nicht mehr von der Seite, sonder von hinten die Kommandos gibt. Wenn es sich an diese neue Situation gewöhnt hat, die gestellten Aufgaben weich und leicht erledigt werden, gehe ich zum Trab über. Bald darauf steigere ich das Tempo vom Trab in den Galopp, wobei ich spätestens dann nicht mehr hinter meinem Pferd herlaufen werde. Ich postiere mich etwas seitlich von dem Pferd und lasse es in einem Zirkel um mich herumlaufen.

Auch Richtungswechsel in Form einer Acht sind dabei möglich. Ich lasse mein Pferd beispielsweise linksherum galoppieren, stelle den Kopf nach rechts, und mein Pferd wird in die andere Richtung weitergaloppieren. Allerdings schalte ich zunächst vom Galopp in den Trab zurück, um mein Pferd nicht zu einem Galoppwechsel zu zwingen. Wenn auch diese Übung weich und leicht erledigt wird, nähern wir uns schon der Doppellongenarbeit.

In der klassischen Reiterei werden sämtliche Lektionen bis hin zur Hohen Schule vom Boden aus exerziert. Ganz so weit will ich es hier nicht treiben, aber das Fahren vom Boden bringt mir viele Vorteile. Wie Sie später noch lesen werden, verwende ich Fahren vom Boden bei Problempferden, die gelernt haben, sich durch Steigen der Zusammenarbeit zu entziehen. Erst wenn ich sicher bin, dass ein Pferd seine Energie für und nicht gegen mich verwendet, gehe ich zum Reittraining über.

> ### Wichtig
>
> Wenn sich das Pferd mit einem Sidepull oder einem Halfter gut lenken lässt und alle Übungen flüssig und leicht vonstatten gehen, kann man zu einer Trense mit Gebiss übergehen. Allerdings müssen Sie dabei den langen Weg von der Hand zum Pferdemaul berücksichtigen. Ein Pferd kann durch unkontrolliertes Ziehen und Zupfen leicht »maulig« werden. Wenn Sie jedoch schon mit einem Sidepull oder Halfter das Gefühl haben, Sie bewegen Ihr Pferd nur mit viel Kraft zu einem Richtungswechsel und es reagiert auch ansonsten nicht weich, sollten Sie lieber noch einmal zur Bodenarbeit zurückkehren!

Fahren vom Boden: Sehr gut geeignet zum Gymnastizieren.

Anreiten

Aufsteigen, Aufsitzen und das erste Mal losreiten

Ziel

Dem Pferd sollte in jeder Situation Ruhe und Gelassenheit vermittelt werden, da es sich in Stresssituationen auf den Reiter verlassen können muss.

Vor dem ersten Aufsitzen sollte wirklich gewährleistet sein, dass das Pferd vom Boden aus ausreichend auf diesen wichtigen Augenblick vorbereitet wurde. Wenn das linke und das rechte Auge des Pferdes alle Eindrücke gespeichert haben, ist es bereit, das »Raubtier Mensch« auf seinem Rücken zu dulden. Wenn nur der kleinste Zweifel übrig bleibt, verschiebe ich diesen Zeitpunkt. Mutproben in Rodeomanier sind fehl am Platze und würden das Training um Tage, wenn nicht gar Wochen zurückwerfen. Ein alter Cowboyspruch besagt: »Der Pferderücken ist der einsamste Platz der Welt, dort kann dir keiner mehr helfen.« Darum teile ich das Aufsitzen in zwei Etappen. Die erste Etappe ist ein »halbes« Aufsteigen«. Ich steige mit wenig Gewicht in den Bügel, d. h. ich sollte meinen Schwerpunkt gleich über das Pferd bringen, um es nicht aus der Balance zu bringen. Ich schwinge also gleich bis zum Sattelhorn und warte ab. Macht mein Pferd einen Vorwärtsschritt oder schüttelt mit dem Kopf, bleibe ich in dieser Position und warte, bis es sich beruhigt hat und stehen bleibt. Geht mein Pferd doch einfach los, bleibe ich ebenfalls in meiner Position und versuche, mit meiner freien Hand den Beinen eine Richtung zu geben (nicht durch Ziehen am Strick, sondern durch gefühlvolles Lenken des in-

neren Beines), bis es einen Ort gefunden hat, an dem es sich wohl fühlt und stehen bleibt. Dann lobe ich mein Pferd und steige wieder ab. Ich wiederhole diese Prozedur so oft es nötig ist, und zwar von beiden Seiten, bis das Pferd ruhig bleibt und diesen Vorgang akzeptiert.

Mein erster Blick geht übrigens immer zu den Beinen. Ich schaue nach, ob das Pferd gerade steht. Ganz wichtig ist es, das Pferd vor dem Aufsteigen auszubalancieren. Manche Pferde stellen sich etwas ungeschickt hin, sodass bei Belastung eines Steigbügels das Pferd einen Schritt machen muss, um sein Gleichgewicht wieder zu bekommen. Oft quittiert der Reiter das dann mit einem Zug am Zügel, was wieder zur Folge hat, dass das Pferd gegen diesen Druck geht. So entsteht aus einer Kleinigkeit ein großes Problem, denn das Pferd lernt, gleich an den Zügeln zu ziehen und einfach loszulaufen. Ich muss also vor dem Aufsteigen mein Pferd ausbalancieren. Ich wackle dazu am Sattel, ziehe mit Kraft rechts und links daran und kann so sicher sein, dass mein Pferd gerade auf allen vier Beinen steht. Ein wichtiger Nebeneffekt ist dabei, dass ich merke, ob der Sattel korrekt auf dem Pferd sitzt und der Sattelgurt ebenfalls richtig angezogen ist.

Bleibt mein Pferd ruhig, wenn ich über dem Sattel lehne, gehe ich zum zweiten Schritt über. Genauso weich wie bei der ersten Hälfte schwinge ich nun mein Bein über den Pferderücken. Ich setze mich gerade hin und verweile locker im Sattel, mit beiden Füßen in den Bügeln. Ich vermeide jede schnelle Bewegung, um das Pferd nicht zu erschrecken. Jetzt können nur zwei Dinge passieren: Entweder mein Pferd bleibt stehen oder es läuft los. Im ersten Fall lobe ich mein Pferd, steige ab, steige wieder auf und steige auch mal auf der anderen Seite ab. Wenn ich oben sitze, berühre ich mein Pferd überall – am

Hals, an der Hüfte, auf der Kruppe bis hin zur Schweifrübe – es muss sich einfach daran gewöhnen, dass sich da oben etwas bewegt und es auch von oben angefasst wird. Ich beginne damit, meinen Führstrick von links nach rechts und umgekehrt über den Kopf zu werfen, um mein Pferd an diese Bewegung zu gewöhnen, da ich genau diese Bewegung bei den ersten Ritten zum Richtungswechsel brauche.

Wenn das Pferd aber nicht brav stehen bleibt, muss ich einfach sicher sein, dass ich auf jede Situation gefasst bin. Wenn mein Pferd losläuft, kann mir keiner mehr helfen. **Wenn mich auf einmal der Mut verlässt, kann ich nicht einfach in die Zügel greifen, das Pferd anhalten, absteigen und sagen: Nein, das ist mir jetzt doch zu gefährlich!** Wenn ich das erste Mal auf ein junges Pferd aufsteige, muss ich die Sache zu Ende führen können. Der Idealfall ist der, dass ich aufsteige, mein Pferd aus dem Sattel heraus von allen Seiten berühren kann und, wenn ich mit einer Hüftbewegung meinerseits das Pferd unter mir auffordere loszulaufen, diese Hilfe sofort angenommen wird. Ich möchte, dass es möglichst weich und ohne Anzeichen einer Verspannung mit fleißigen Schritten vorwärts geht.

Der unangenehme Fall sind die »Schleicher«. Pferde, die man immer wieder massiv auffordern muss zu laufen, sind schwieriger zu trainieren. Es ist eine besondere Form der Verweigerung, einfach stehen zu bleiben und alles abzublocken. Bei einigen Kleinpferderassen ist das öfter anzutreffen. Ein Pferd, das sich bewegt, nimmt die ersten Hilfen bereitwillig an. Ich lobe und streichle mein Pferd überall, damit es sich wohl fühlt. Das Streicheln soll es an seine Fohlenzeit erinnern, als seine Mutter es überall abgeschleckt hat. Damit will ich dem Pferd eine gewisse Sicherheit vermitteln. Und dort, wo

Interessiert befasst sich das Pferd mit der neuen Situation.

mein Pferd hingeht, gehe ich mit ihm mit. Ich bin nicht derjenige, der die Richtung vorgibt, sondern mein Pferd sagt, wo es langgeht. Ich möchte mein Pferd in diesem Stadium noch nicht beeinflussen. Ich sitze als Passagier oben drauf, bewege eventuell meine Hüfte, und das Pferd gewöhnt sich an die neue Last.

Bleibt mein Pferd aus freien Stücken stehen, aus welchen Gründen auch immer, biete ich ihm mit meinem Körper einen Stopp an. Ich blende mich sozusagen an dieser Stelle ein, als ob es meine Idee gewesen wäre. So lernt das Pferd meinen Körper kennen, wie es sich anfühlt, wenn ich einen Stopp möchte. An dieser Stelle ist es wichtig zu erwähnen, dass mein Pferd immer noch ein Halfter mit einem Führstrick auf einer Seite trägt. Der Grund ist ganz einfach: Der Mensch neigt dazu, an beiden Stricken (oder Zügeln) zu ziehen, wenn zwei davon vorhanden sind. Die Folge wäre, dass sich das junge, unerfahrene Pferd einrollt, anfängt zu bocken und das Reiterlein findet sich ganz schnell auf dem Boden der Tatsachen wieder. Ist nur ein Strick da und ich ziehe aus Versehen daran, kann ich nur den Pferdekopf herumziehen. Da mein Pferd dieses Signal aus der Bodenarbeit kennt, wird es auf einem kleinen Zirkel weiterlaufen.

Solange ich diesen Strick allerdings nicht benötige, binde ich das Ende ohnehin am Sattelhorn bzw. Vorderzwiesel fest. Bis jetzt bin ich dahin mitgegangen, wohin mein Pferd wollte, ich war ja nur Passagier. So konnte ich mich ganz auf meinen Partner unter mir konzentrieren, ihn streicheln und loben. Wenn es nun langsam aber sicher ans Lenken geht, binde ich den Strick vom Sattelhorn los und lasse ihn auf der inneren Seite als Führstrick hängen. Sobald mein Pferd einen Richtungswechsel vornimmt, schwinge ich diesen Strick über den Kopf des Pferdes, wechsle die Hand und schon befindet sich der Strick wieder auf der – neuen – inneren Seite. Dies habe ich bereits beim Aufsteigen geübt. Wurde mein Pferd bei der Bodenarbeit durch den Flaggenstock und durch das Aussacken genügend vorbereitet, wird es diesen Strick, der von einer zur anderen Seite wechselt, ohne Probleme akzeptieren.

Wenn mein Pferd nun fleißig vorwärts geht, klopfe ich mit den Beinen links und rechts am Rippenkasten. Ja, Sie haben richtig gelesen! Erst wenn sich das Pferd in Bewegung befindet, kommen die Schenkel ganz leicht zum Einsatz. Zum Anreiten benutze ich in erster Linie meine Stimme, indem ich beispielsweise schnalze. In hartnäckigen Fällen klopfe ich mit der Hand auf den Oberschen-

kel. Oder ich benutze das Ende des Führstrickes, um das Pferd auf Kruppe oder Schulter zu touchieren. (Man kann auch eine zweite Person in die Mitte stellen.) Die Geräusche werden das Pferd animieren loszulaufen, aber meine Schenkel hängen beim Anreiten lose herunter. Damit möchte ich vermeiden, dass das Pferd gleich am Anfang sauer auf einen Schenkel reagiert. Viele Pferde sind zu früh auf Schenkelhilfen abgestumpft worden und es braucht Zeit und Mühe, sie wieder zu sensibilisieren.

Irgendwann lasse ich mein Pferd einen Stopp finden. Indem ich meine Hüfte nicht mehr bewege, biete ich meinem Pferd an, irgendwo im Round Pen stehen zu bleiben. Dann nehme ich den Führstrick und frage nach der lateralen Biegung. Das bedeutet, dass sich das Pferd nach links oder nach rechts biegt. Dazu nehme ich den Strick beispielsweise in die linke Hand und fordere ganz leicht eine Anlehnung, sodass etwas Druck auf der Pferdenase entsteht. Und dann warte ich, »bis der Löffel zum Mund kommt«, wie man es zu Kindern sagen würde. Das heißt, bis das Pferd mit seiner Nase meiner Hand entgegenkommt. Wenn das Pferd mir nur einen Millimeter entgegenkommt, gebe ich den Druck sofort auf. Ich lobe es selbstverständlich ausgiebig und mache dasselbe noch einmal. Ich biege mein Pferd immer dreimal rechts, dann dreimal links, sodass es mehrfach ein Bild von jeder Seite bekommt. Gleichzeitig ist es auch ein Test, wie gut unsere Bodenarbeit war. Auch da hatten wir schon eine laterale Biegung eingebaut.

Ich darf keinesfalls das Gefühl haben, dass ich den Pferdekopf am Halfter regelrecht »herumziehen« muss. Dann müsste ich im Training ein paar Schritte zurückgehen. Aber unser Pferd kennt diese Übung bereits und antwortet auch vom Sattel aus weich und leicht. Wenn der Pferdekopf ohne viel Mühe bis zum Reiterbein kommt, nehme ich den Strick in die andere Hand und lasse ihn ganz locker. Ich lobe mit der inneren Hand mein Pferd und gebe ihm ein Gefühl der Sicherheit. Sobald ich mein Pferd auch in der Vorwärtsbewegung und beim Lenken nach der Biegung fragen kann, ist der Zeitpunkt für den »One-Rein-Stop« gekommen.

Wichtig

Erst aufsteigen, wenn Sie sich sicher fühlen. Seien Sie auf »Überraschungen« vorbereitet.

Der One-Rein-Stop

Ziel

Das Pferd soll dem leichten Druck des Schenkels mit der Hinterhand weichen und so zum Anhalten gelangen.

Die erste Übung legt unser Augenmerk auf die Hinterhand. Die Hinterhand eines Pferdes wird auch gerne als der »Motor« bezeichnet. Von ihm geht jeder Schub und Schwung aus. Ich möchte aber eine Kontrolle über die-

Wer sich unsicher fühlt, sollte lieber noch nicht aufsteigen.

sen Motor haben und den Schwung und die Kraft für mich ausnutzen. Gleichzeitig ist es auch eine interessante Vorübung zum Lenken. Wenn ein Pferd sich gerne auf die Schulter legt und ich das ganze Gewicht auf dem Gebiss habe, halte ich mich nicht an diesem Fehler auf. Ein Pferd ist immer stärker als der Mensch. Der »One-Rein-Stop« gibt mir die Möglichkeit, über einen kleinen »Umweg« wesentlich mehr zu erreichen.

Bei jungen Pferden erreiche ich mit dem »One-Rein-Stop« eine weiche Lenkung, die das natürliche Gleichgewicht weitestgehend erhält. Erst wenn mein Pferd sich an das Reitergewicht in allen Grundgangarten gewöhnt hat, gehe ich zu einer Trense mit Gebiss über. Bei älteren Pferden, die gelernt haben, ihre Kraft gegen den Menschen einsetzen, nehme ich mit dieser Übung Schwung aus dem »Motor« und lege so die Basis für eine neue Zusammenarbeit.

Eine gute Vorübung für den »One-Rein-Stop« ist das weiche Nachgeben des Pferdes am Zügel oder Führstrick. Wenn mein Pferd den Kopf nach links geben soll, nehme ich den linken Zügel in die linke Hand, komme damit bis zum Mähnenkamm. Das Pferd biegt sich dabei leicht nach links und gibt dem Zügeldruck gegenüber nach. Ich ziehe nicht am Zügel, sondern lasse ihn weich anstehen und warte, bis mein Pferd diesem Druck gegenüber nachgibt. Mit der Zeit wird das Pferd weicher und weicher. Irgendwann muss ich weder am Zügel »ziehen« noch sonst viel Druck ausüben. Ich nehme nur einen Zügel auf und das Pferd ist im Hals so flexibel, dass es mit dem Kopf bis zu meinem Bein herumkommen kann. Ich möchte also nicht, dass sich mein Pferd durch Zug oder Zwang biegt, sondern nur auf einen leichten Kontakt hin weich nachgibt. Je feiner und leichter dieses Biegen funktioniert, umso leichter wird es mit dem »One-Rein-Stop« werden.

Beim »One-Rein-Stop« lernt das Pferd, dass ein Zügel und ein Schenkel auf derselben Seite mit der Hinterhand kommunizieren sollen. Ich nehme zum Beispiel den linken Zügel Richtung Mähnenkamm, um das linke Vorderbein zu blockieren. (Das linke Vorderbein »hängt« am linken Zügel, das rechte Vorderbein »hängt« am rechten Zügel.) Während ich also das linke Vorderbein des Pferdes blockiere, lege ich meinen linken Schenkel hinter den Sattelgurt, um das Pferd mit der Hinterhand nach rechts zu verschieben. Dabei ist mein Gewicht ganz leicht nach rechts verlagert – wirklich nur ganz leicht, ich will mein Pferd nicht umwerfen. Sobald das Pferd diesem Druck ausweicht, also mit dem linken Hinterbein unter das eigene Gewicht tritt und mit dem rechten Hinterbein nach rechts geht, nehme ich den Druck des Schenkels weg. Gleichzeitig bleibt mein linker Zügel stehen, bis mein Pferd ebenfalls steht. Darum heißt diese ganze Übung »One-Rein-Stop« (Anhalten mit einem Zügel).

Was möchte ich damit erreichen? Genau genommen muss ich sagen, was ich eigentlich nicht erreichen will. Ich möchte nicht, dass mein Pferd sich angewöhnt, sich auf das Gebiss zu legen, wenn zwei Zügel daran ziehen. Leider ist oft zu beobachten – nicht nur bei jungen Pferden – dass die dazugehörigen Reiter mit beiden Zügeln und reiner Muskelkraft versuchen, ihre Pferde anzuhalten. Für den Zuschauer sind die Folgen gut zu sehen: Die Pferde machen entweder das Maul auf oder legen sich auf das Gebiss, jeweils um diesem Druck zu entgehen. Und für viele Reiter ist diese Handhabung völlig normal, nicht ahnend, welche Probleme damit vorprogrammiert sind. Mit dem »One-Rein-Stop« gehe ich in eine andere Richtung. Wenn diese Übung sitzt, kann ich mit einem Zügel und wenig bzw. keiner Muskelkraft

Die Nase soll dem Zügel weich folgen.

mein Pferd anhalten. Ein Pferd wird sich im Normalfall nicht auf einen Zügel legen, sondern den Kopf biegen.

Sollte es trotzdem mal vorkommen, dass ein Pferd versucht, diesem Zügel auszuweichen, so wechsle ich einfach die Seite. Wenn ich merke, mein Pferd drückt nach rechts, weil ich den rechten Zügel aufnehme, nehme ich stattdessen den linken Zügel auf und klopfe mit dem linken Schenkel hinter dem Sattelgurt. Ich kann in diesem besonderen Fall sogar die Kraft des Pferdes für mich ausnutzen. Eine verblüffende Erfahrung für meinen vierbeinigen Partner. Das Pferd bekommt so keine Chance, seine Kraft gegen mich einzusetzen.

Bei dieser Übung teile ich mein Pferd gewissermaßen in zwei Hälften – in eine vordere und eine hintere. Ich kann meinem Pferd so mitteilen, dass ich mit einem Zügel die vordere Hälfte anhalten kann, während ich die hintere Hälfte – also den »Motor« – umleiten kann. Der Schwung muss in für mich und das Pferd angenehme Bahnen gelenkt werden. Würde ich bei einem Anhaltemanöver beide Zügel aufnehmen, würde der Schwung in diese Zügel und damit in das Gebiss geleitet werden. Bei unserem »One-Rein-Stop« weicht der Schwung dem Druck des Schenkels. Ich baue meinem Pferd eine Umleitung, es wird so versuchen, sein Gleichgewicht wiederzufinden und es wird an einem Zügel anhalten.

Der Druck des Schenkels aktiviert die Hinterhand, das Pferd wird angeregt, fleißig unterzutreten, ohne dass ich dazu die Zügel einsetzen muss. Als Nachteil könnte man anführen, dass dabei die Schulter des Pferdes schwer gemacht wird. Allerdings ist der »One-Rein-Stop« nicht mit einer versammelten Lektion zu verwechseln. Der Zeitpunkt, um ein Pferd über Gewicht und Zügel vorne leicht zu machen, um es in eine Versammlung zu reiten, ist noch nicht gekommen. Ich helfe einem Pferd nur, vermehrt unter seinen Schwerpunkt zu treten, kann also damit eine gute Vorübung in Richtung Versammlung schaffen. In der nächsten Übung, der »Vorder- und Hinterhandkontrolle«, wird auch die Pferdeschulter so mit einbezogen, dass sie wieder leicht gemacht wird.

Innere Hand, innerer Schenkel. Das Pferd tritt mit dem rechten Hinterbein unter.

Zum Abschluss dieses Kapitels bleibt zu erwähnen, dass alles mit der größtmöglichen Leichtigkeit ausgeführt werden sollte: »So wenig wie möglich – so viel wie nötig.« Reagiert mein Pferd weich und nachgiebig, werde ich es mit der gleichen Nachgiebigkeit belohnen. Legt sich mein Pferd allerdings auf das Gebiss oder drückt gegen meinen Schenkel, muss ich mit der entsprechenden Konsequenz antworten. Mein Schenkel wird so lange zum Einsatz kommen, bis mein Kandidat mit der Hinterhand weicht und nachgibt. Wenn mein Timing stimmt und ich sofort mein Pferd mit Nachlassen des Druckes belohne, werde ich beim nächsten Mal von allem weniger brauchen. Manchmal muss ich auch Kompromisse eingehen. Dann bestehe ich nicht gleich auf dem perfekten »One-Rein-Stop«, sondern gebe mich mit ein wenig Verschieben der Hinterhand zufrieden. Wichtig ist wieder, dass alle Schritte ruhig und weich vonstatten gehen. Erstes Ziel ist eine weiche und leichte Reaktion der Hinterhand, anschließend kann ich mich auf das Anhalten konzentrieren.

Wichtig

Nach dem »One-Rein-Stop« kann ich auch nur mit einem Bein »kommunizieren«. Ich nehme einen Zügel auf, nehme leichten Kontakt mit einem Vorderbein auf und warte, bis das Bein sich einen Schritt zurücksetzt. Es muss auch nicht ein ganzer Schritt sein, es reicht, wenn mein Pferd eine Gewichtsverlagerung macht und nur daran denkt, für mich zu arbeiten. Ich werde jede kleine Veränderung in die richtige Richtung sofort belohnen.

Vorder- und Hinterhandkontrolle

Ziel

Bei der Vorder- und Hinterhandkontrolle »schalte« ich gewissermaßen
das Gewicht von der Vorder- auf
die Hinterhand um und erreiche
damit, dass das Pferd in der Schulter
leicht wird.

Beim »One-Rein-Stop« haben wir gelernt, dass der linke Zügel am linken Bein und der rechte Zügel am rechten Bein »hängt«. Wir haben auch gelernt, dass der Reiter ein Bein blockieren kann, wenn er die Zügelhand oberhalb der Schulter zum Mähnenkamm führt und dort verwahrt. Das Pferd bleibt auf diesem Bein stehen und nimmt seinen Körper um dieses Bein herum. Wir haben allerdings auch die Situation geschaffen, dass unser Pferd sein Gewicht auf der Vorderhand trägt. Die Hinterhand ist frei und kann vom Reiter um die Vorderhand bewegt werden.

Der linke Zügel setzt das linke Vorderbein nach links.

Jetzt wollen wir diese Situation umdrehen. Ziel ist es, dass mein Pferd sein Gewicht auch auf der Hinterhand tragen kann. Aus dem »One-Rein-Stop« wird jetzt eine Hinterhand- bzw. Vorderhandkontrolle.

Ich mache einen »One-Rein-Stop« und lasse mein Pferd los – allerdings nur ein klein wenig. Die Hand, die das vordere innere Bein blockiert, nehme ich weg vom Sattelhorn bzw. Vorderzwiesel, führe sie etwas nach innen und halte sie ein bisschen höher als vorher, um die Schulter aufzurichten. Mein innerer Schenkel geht weg vom Sattelgurt, stattdessen kommt mein äußerer Schenkel ganz weich an den Gurt – wirklich ganz sanft. Was möchte ich erreichen? Ich möchte, dass mein Pferd das innere Bein zur Seite bewegt. Wichtig: Das Ziel ist eine Seitwärtsbewegung und keine Vorwärtsbewe-

gung! Bildlich gesprochen hebe ich wie bei einer Marionette mit einem Zügel das Bein hoch und setze es auch wieder seitlich ab. Versteht mein Pferd diese Aufgabe noch nicht, habe ich zwei Möglichkeiten. Entweder höre ich auf und fange komplett von vorne an oder ich hebe meine Hand noch höher und zupfe leicht am Zügel. Ich mache meinem Pferd die Vorwärtsbewegung unangenehm, bis es das Gewicht auf die Hinterhand legt und einen Schritt zur Seite macht. Dann lasse ich den Zügel sofort los und lobe es ausgiebig. Ich kann jetzt stehen bleiben oder auch einen Schritt vorwärts machen. Wichtig ist immer der erste Schritt!

Ziel der Vorder- bzw. Hinterhandkontrolle ist es, dass ich wirklich das Gewicht meines

Pferdes »umschalten« kann. Bei der ersten Übung nimmt das Pferd sein Gewicht nach vorne, die Hinterhand wird leicht und geht um die Vorderhand herum. Bei der zweiten Übung setzt sich mein Pferd auf die Hinterhand, ich kann mit einem Zügel die Schulter heben und zuerst einen Schritt, später auch zwei, drei Schritte zur Seite machen. Wichtig ist es – wie immer – dass alles mit so wenig Druck wie möglich passiert. Die Übung wird so lange wiederholt, bis das Pferd willig dem Schenkel weicht und den Zügelhilfen folgt. Wenn der Reiter mit übermäßigem Schenkel- oder gar Sporeneinsatz versucht, seinen Hilfen Nachdruck zu verleihen, erreicht er nur, dass sich das Pferd auf dieser Seite fest macht, und er landet in einer Sackgasse. Als nächstes werde ich dieses Bein nicht nur zur Seite setzen können, sondern auch rückwärts. Mein Pferd kennt das Rückwärtsrichten bereits vom Boden aus. Nun muss ich meinem Pferd vom Sattel aus verdeutlichen, was ich von ihm will.

Wichtig

Die Vorder- und Hinterhandkontrolle ist eine sehr komplexe Abfolge verschiedener Bewegungen von Pferd und Reiter. Verzweifeln Sie nicht, wenn es nicht sofort perfekt funktioniert! Machen Sie sich erst in einer Art »Trockenübung« mit diesem Bewegungsablauf vertraut, bevor Sie sich auf ein Pferd setzen, um es auszuprobieren!

Warum ein Ponyhorse nützlich ist

Bei meiner Arbeit im Round Pen brauche ich ab und zu einen verlässlichen Partner. In meinem Fall ist das der Quarter-Horse-Wallach meiner Frau, es eignen sich aber natürlich auch Pferde anderer Rassen. Dieses Ponyhorse, wie es in Amerika genannt wird, muss ein 100-prozentiges Verlasspferd sein. In erster Linie darf es sich von nichts, aber auch gar nichts aus der Ruhe bringen lassen. Unser Bill hat gelernt, jegliche Aktionen meiner Berittpferde – seien es junge oder auch ältere Pferde – zu ignorieren. Nun, warum setze ich meinen »Co-Trainer« ein? Erster Vorteil: Mein Trainingspferd sieht mich sowohl mit dem rechten als auch mit dem linken Auge und in einer erhöhten Position wie beim späteren Reiten. Weitere Vorteile: Das Ponyhorse schützt mich vor Übergriffen bei Problempferden, bringt aber auch einen Vertrauensbonus bei besonders misstrauischen Pferden. Dabei kommt mir der Herdentrieb der Pferde zugute. »Da ist jemand, der sich schon auskennt im Round Pen« – besonders bei jungen Pferden bringe ich so mehr Ruhe in meine Arbeit. Für ein junges Pferd ist es ein gewaltiger Schritt aus der bisherigen Lebenssituation in diesen neuen Lebensabschnitt. Neue Umgebung, neue Menschen – alles ist anders. Da bringt diese kleine Herde ganz viel Vertrauen und Sicherheit in das junge Pferdeleben. Und wie wir alle wissen, ist erfolgreiches Lernen nur in einer entspannten Atmosphäre möglich. Wenn ein entsprechend großer Arbeitsplatz zur Verfügung steht, kann diese kleine Herde auch beliebig erweitert werden. Ich kann fast alle Elemente der Bodenarbeit von einem Ponyhorse aus bewirken. Als besonders hilfreich hat sich dabei die Arbeit mit dem Flaggenstock (S. 14) bei ignoranten Pferden erwiesen. Das sind Pferde, die sich der Arbeit entziehen wollen, indem sie einfach stehen bleiben. Im Schritt könnte ich noch eine Weile mithalten, im Trab oder gar im Galopp sieht das schon anders aus. Als Fußgänger habe ich eben wenig Chancen, ein Pferd durch einen Round Pen vorwärts zu bekommen,

> ### Ziel
>
> Das Ponyhorse soll die Sicherheit eines erfahrenen Leittiers vermitteln.

wenn es partout nicht will. Mit einem Arbeitspferd sieht das schon ganz anders aus. Jegliche Arbeit mit Pferden beruht auf dem Prinzip der Bewegung. Sobald diese Pferde gelernt haben, fleißig vorwärts zu gehen, können wir zum nächsten Trainingsabschnitt übergehen. Etwas anderes sind die Problempferde, die zwar laufen, sich aber nicht lenken lassen. In solch einem Fall nehme ich das Pferd an einen Führstrick, lasse diesen ziemlich lang, wickle das Ende allerdings an das Sattelhorn. (Vorsicht: Es sollte in diesem Fall auch wirklich ein Arbeitssattel sein. Bei den meisten Westernsätteln ist das Horn nur Zierde und nicht stabil genug, um einen entsprechenden Zug auszuhalten. Andere Sättel, z. B. englische, sind hierfür nicht geeignet.) Wenn mein Schüler beschließt, während der Arbeit eine andere Richtung einzuschlagen, kommt er nur bis an

das Ende des Führstrickes und wird dann vom Gewicht meines Arbeitspferdes gebremst. So lernen diese Pferde einen natürlichen Respekt vor Halfter und Führstrick und wir können dann auch zur Lenkung übergehen. Sollte sich mein vierbeiniger Schüler allerdings einmal sehr stur stellen, habe ich die Möglichkeit, die 500 Kilo meines Arbeitspferdes in die Waagschale zu werfen und auch mal dagegen zu drücken. Diese Körpersprache kennen alle Pferde aus dem Herdenverband. In einer natürlichen Pferdeherde funktioniert manches nicht nur mit subtiler Körpersprache, sondern auch mit massivem Körpereinsatz, da kann ich als kleines Menschlein nur den Kürzeren ziehen. Oft benutze ich meinen »Co-Trainer« Bill bei Problempferden, die leider schon gelernt haben, ihr Gewicht und ihre Kraft gegen den Menschen einzusetzen. Aber meinen Bill können diese Kandidaten nicht so schnell wegdrücken, und ich habe auf eine natürliche Art und Weise wesentlich mehr erreicht als mit allen fragwürdigen Hilfsmitteln, die vielleicht ansonsten bei solchen Pferden zum Einsatz kommen.

Bei Problemen ein zuverlässiger Partner: Red Born Bill.

So gewickelt kann der Strick jederzeit gelockert werden.

Eine weitere schöne Möglichkeit, das Pony-horse einzusetzen, ist der sensible Abschnitt des ersten Aufsitzens und die Gewöhnung an das Reitergewicht. Wenn Sie sich nicht ganz sicher sind, was Ihr junges Pferd zu dieser neuen Situation sagen wird, haben Sie mit dieser Variante einen Joker im Ärmel. Ich behelfe mir dazu einer zweiten Person, die in der Lage ist, sehr ruhig und vertrauensvoll aufzusteigen und ohne Einwirkung auf einem Pferd zu sitzen. Dann nehme ich von meinem Ponyhorse aus das junge Pferd an einem Führstrick mit. Alle Übungen, die das junge Pferd vom Boden aus kennt, kann ich auch so ausführen, nur das Reitergewicht ist neu. Am Gesichtsausdruck, dem Spiel der Ohren kann ich erkennen, was das Jungpferd von dieser Sache hält, aber vertrauensvoll folgen alle meinem Arbeitspferd und bald ist auch das ungewohnte Reitergewicht nichts Besonderes mehr.

Wichtig
Nehmen Sie nur Pferde zum Helfen, auf die Sie sich 100%ig verlassen können.

Verladen

Ziel
Mein Pferd soll sich weich und leicht am Halfter in den Hänger führen oder an mir vorbei hineinschicken lassen!

Ganz wichtig ist wieder die Vorbereitung: Wenn ich zum Fahren Gamaschen, Transportgamaschen oder eine Decke benötige, sollte ich einige Tage vor dem Ereignis das Pferd daran gewöhnen. Ansonsten kommt für Ihr Pferd eine ganze Menge an Neuem zusammen: Plötzlich kommt – vielleicht – eine neue Decke, plötzlich diese merkwürdigen Gamaschen und dann soll es auch noch in diese »Hutschachtel« einsteigen. Unterteilen Sie doch alles in mehrere Lernschritte. Legen Sie beispielsweise die Transportgamaschen eine Woche vorher an und gehen mit Ihrem Pferd spazieren oder – besser noch – gehen Sie damit reiten. Ansonsten verbindet Ihr Pferd diese Dinge immer mit dem Fahren und ist nervös, bevor es losgeht.
Sollte es ein junges oder ein sehr schwieriges Pferd sein, wählen Sie auch die Umgebung und den Untergrund, wo es verladen werden soll, sehr sorgfältig aus. Da empfiehlt sich für die ersten Male die Reithalle oder ein Reitplatz, wo der Boden sehr weich und griffig ist. Kies, Schotter oder Gras sind hingegen sehr rutschig. Ein Knotenhalfter eignet sich zwar sehr gut für das Verladetraining, aber nicht zum Fahren selbst. Wenn unser Pferd seine Aufgabe kennt, kann ich das Halfter wechseln, um es im Hänger eventuell anzubinden. Ganz besonders wichtig: Nehmen Sie sich Zeit, ganz viel Zeit. Wenn Sie um 16 Uhr anfangen wollen mit dem Üben und Sie haben schon um 18 Uhr einen Termin – verschieben Sie das Training auf einen anderen Tag. Zeitdruck ist der schlechteste Lehrer!

Im Übrigen macht es auch gar nichts, wenn Ihr Pferd beim ersten Mal noch nicht in den Hänger geht. Häufig hört man in Pferdekreisen diesen Spruch: »Der Gaul muss jetzt rein, sonst hat er gewonnen!« Gewinnen und verlieren gibt es nur in einem Kampf. Vermeiden Sie aber einen Kampf mit Ihrem Pferd, da Sie immer der Verlierer sein werden. Und lassen Sie sich nicht von noch so gut gemeinten Ratschlägen von Ihrer Überzeugung abbringen. Ihr Ziel ist es, ein verladefreudiges Pferd zu bekommen, und nicht eines, das nur noch mit größten Mühen – wenn überhaupt – in einen Hänger zu bringen ist. Wichtig ist zunächst nur, dass Ihr Pferd sich am und um den Hänger herum wohl fühlt und Sie es nicht mit einem schlechten Eindruck zurück in seinen Stall bringen müssen.

Unsere erste Übung vor dem eigentlichen Verladen ist das Aufzirkeln (Seite 24). Ich möchte, dass das Pferd zuerst einmal aufmerksam gegenüber meinen Hilfen am Führstrick wird. Ich lasse es rechts- und linksherum laufen, mache ein paar Bodenarbeitsübungen und lenke die Konzentration des Pferdes auf mich und meine Hilfen. Wenn das erfolgt ist, bringe ich das Pferd an den Hänger und lasse es diesen angucken. Es spielt auch wieder keine Rolle, ob es jetzt von hinten reinschaut oder von der Seite. Vielleicht ist es auch noch nicht soweit, dass es schon ganz nah an die Rampe gehen will – macht nichts. Ich setze mich dabei auf die Rampe und lasse meinem Pferd gerne ein paar Minuten, um alles in Ruhe anzuschauen. Manche Pferde schauen dann in die Gegend, das macht auch nichts, denn sie sollen sich am Hänger wohl fühlen.

Bei nervösen Pferden sitze ich auch schon mal 15 Minuten auf der Rampe. Atmen Sie dann tief und kräftig durch, glauben Sie mir, es hilft! Pferde reagieren unglaublich auf Spannungen, und wenn schon der Herdenführer nervös und verspannt ist – na, was soll dann draus werden. Übrigens kann ich dazu die Rescue-Tropfen aus der Bachblütentherapie empfehlen. Haben Sie ein besonders nervöses Pferd, so geben Sie ihm diese Notfalltropfen. Eventuell sollten Sie auch gleich ein paar Tropfen mit einnehmen – schaden tut es nicht! Meine Erfahrung ist, dass ein Groß-

Geduld und Ruhe sind beim Verladen besonders wichtig.

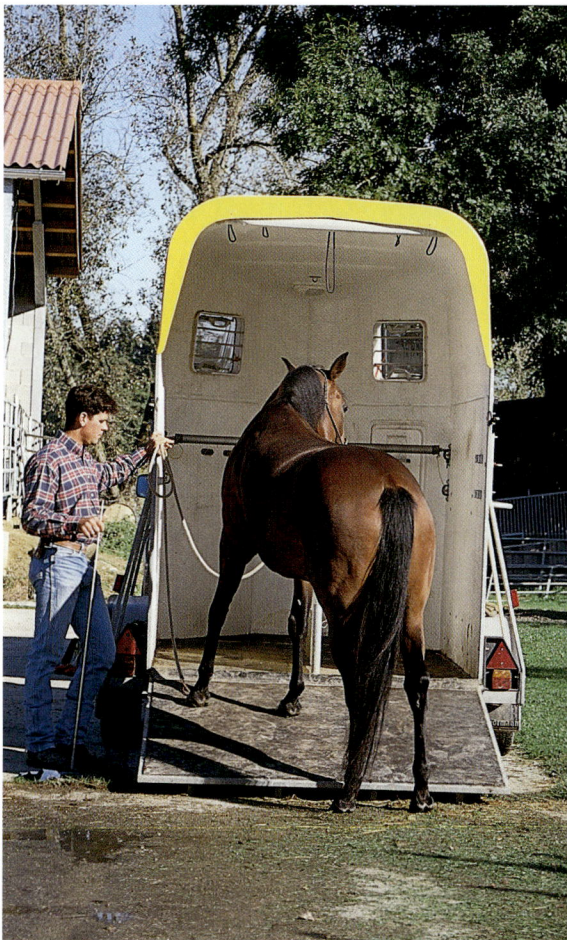

teil der Verladeprobleme vom Besitzer – oder der entsprechenden Person – ausgelöst wird und nicht vom Pferd.

Nachdem mein Pferd den Anhänger ausgiebig angeschaut und beschnuppert hat, gehen wir etwa fünf bis zehn Meter weg davon. Jetzt gebe ich meinem Pferd Arbeit: Ich longiere es, mache Bodenarbeit, arbeite mit dem Fähnchenstock, wechsle auch oft die Richtung dabei, usw. Es soll dabei ruhig ein wenig unter Stress kommen. Dann gehe ich wieder Richtung Rampe und mache dort gewissermaßen Pause.

In dieser Phase ist es mir jetzt wichtig, dass die Aufmerksamkeit des Pferdes beim Hänger ist, auch wenn es vielleicht bläst wie ein Drache. Schaut es hingegen weg, ist die Konzentration offensichtlich woanders, gehe ich weg und beginne wieder mit meinem Pferd zu arbeiten, komme dann wieder zurück, raste für eine Weile am Hänger, usw. Mit der Zeit lasse ich die Entfernung vom »Arbeitsplatz« zum Pferdehänger schrumpfen. Im Grunde ist der Pferdehänger heute nur Statist bei unserer Bodenarbeit. Will mein Pferd am Anhänger vorbei, und sei es von der Rampe herunter, bilde ich eine Gasse und lasse es vorbei. Stellen Sie sich Ihrem Pferd nie mit Gewalt in den Weg, denn es wird Sie unter Umständen umrennen! Ist mein Pferd vorbeigelaufen, mache ich ein wenig Druck, um es wieder in Richtung Rampe bzw. Hänger schauen zu lassen. Ist die Aufmerksamkeit beim Hänger, mache ich wieder Pause. Dem Pferd muss der Unterschied klar werden: Je näher ich zum Hänger komme, umso mehr ist Ruhe. Gehe ich vom Hänger weg, gibt es Druck bzw. Arbeit. Ich öffne meinem Pferd eine Tür zum Wohlfühlen.

Ganz besondere Vorsicht ist in dieser Phase des Verladens geboten, wenn das Pferd vorbeiläuft oder zurückspringt. Unfälle hat es erfahrungsgemäß immer dann gegeben, wenn der Mensch sich eingemischt hat. Ein Pferd hat immer einen Fluchtweg im Sinn. Wenn es flüchten will, dann lasse ich es. Wenn unser Pferd ein Bein vom Hänger setzt, dann weiß es auch wohin, denn es hat schon sein Ziel im Kopf. Probleme tauchen in der Regel immer dann auf, wenn Menschen versuchen, das Pferd an dieser Flucht zu hindern. Zieht beispielsweise ein Mensch am Halfter, dann verändert er den bereits eingeplanten Fluchtweg und das Pferd tritt daneben, womöglich an eine scharfe Kante und schon haben wir eine üble Verletzung.

Mit der Zeit wird die Gasse immer kleiner. Sollte mein Pferd versuchen mich anzurempeln, werde ich wie in der Bodenarbeit das Auge fixieren und meinem Pferd mitteilen, dass es Abstand halten soll. Die Rangordnung in unserer Herde muss klar sein. An der Rampe wird etwas Pause gemacht, und dann werde ich den Druck erhöhen, um einen Schritt von meinem Pferd auf die Rampe zu bekommen. Sobald dieser Schritt kommt, lasse ich den Druck wieder nach. Diese Reihenfolge ist enorm wichtig. Druck aufbauen, kleiner Schritt vorwärts, Druck nachlassen, usw. Je eher der Druck aufhört, umso schneller und leichter wird sich das Pferd das nächste Mal bewegen. Es muss sich nicht unbedingt in den Anhänger bewegen, es reicht der kleine Schritt vorwärts, es zählt die Idee.

Wenn ich allerdings das Gefühl habe, mein Pferd langweilt sich, die Aufmerksamkeit lässt nach, dann gehe ich weg vom Hänger und fange wieder von vorne an. Etwa einen Meter von der Rampe entfernt werde ich das Pferd aufzirkeln, eine Gasse bilden und verlange einen Schritt, noch einen Schritt, usw. Sie werden es sicherlich schon bemerkt haben: Das Ganze ist ein unglaubliches Geduldsspiel und ein genaues Abstimmen von Zeit und Gefühl. Aber es lohnt sich. Mein

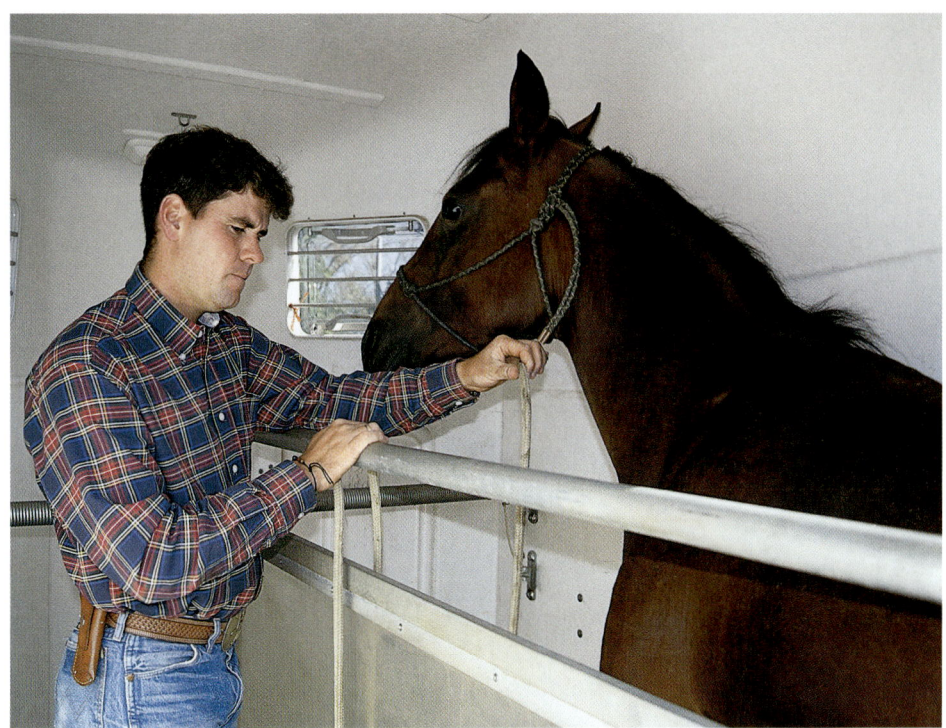

Hin und her rangieren im Hänger ist wichtiger als das eigentliche Aufladen.

Pferd wird mit einem Minimum an Druck in den Hänger gehen. Aber das ist nur die halbe Miete!

Es wäre jetzt ganz verkehrt, hastig hinten die Absperrstange anzubringen, die Klappe zuzumachen und loszufahren. Ich möchte nämlich mein Pferd nicht in dieser »Schachtel« einsperren, sondern ich möchte ihm erklären, dass es in diesen Hänger hineingeht, herausgeht, hineingeht und wieder herausgeht, weil ich es will. Jetzt beginnt die eigentliche Arbeit. Wenn mein Pferd ein paar Mal hinein- und herausgegangen ist, stelle ich mich zu meinem Pferd in den Hänger und mache ihm klar, dass man sich sehr gut dort bewegen kann, dass es Platz für seine Beine hat, dass es sich ausbalancieren kann

und dass es sich wohl fühlen kann. Dazu gehe ich vorne an das Halfter, nehme – wie bei der Bodenarbeit – den Strick unterhalb des Halfters und baue ein wenig Druck auf, um mein Pferd zu veranlassen, einen Schritt rückwärts zu gehen. Bevor dieser Schritt stattgefunden hat, gebe ich schon wieder einen leichten Druck am Halfter in die andere Richtung, und das Pferd wird einen Schritt vorwärts gehen. Wichtig ist wirklich: ein leichter Druck von ein paar Gramm, nicht ziehen!

Sicherlich wird es jetzt ein paar Pferde geben, die auf Grund dieses Drucks nach hinten aus dem Hänger schießen werden. Ich werde jetzt auf gar keinen Fall versuchen, am Halfter oder am Strick zu ziehen, um mein Pferd

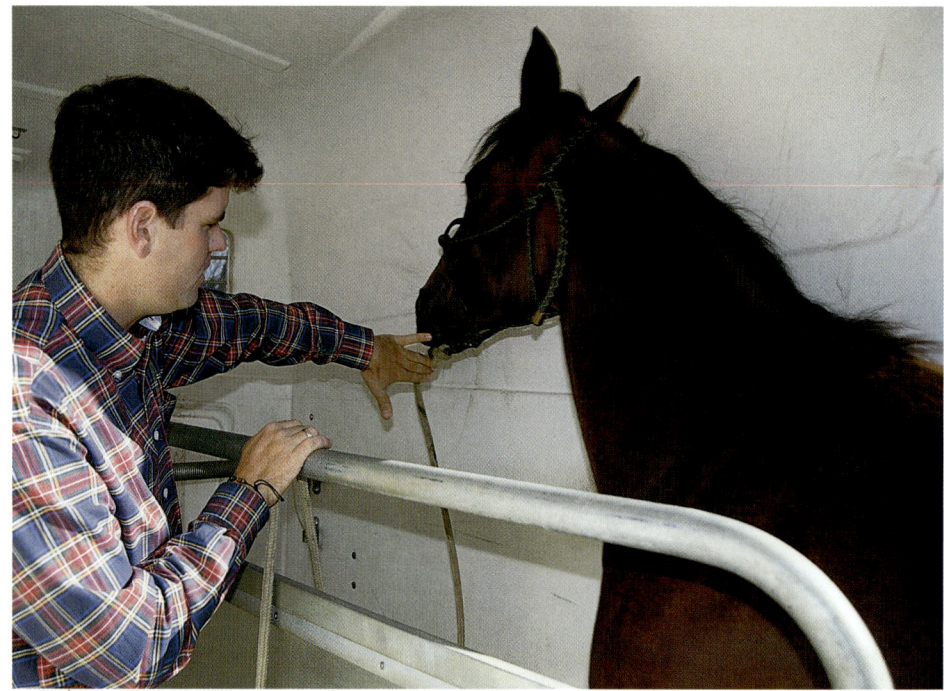

Das Pferd folgt weich dem Druck eines Fingers nach vorne.

aufzuhalten. Mein Pferd soll wissen, es kann raus, wenn es will! Wenn sich Menschen die Finger am Strick verbrennen, weil sie das probiert haben, so geschieht ihnen Recht. Es ist unmöglich, ein Pferd mit seinem enormen Gewicht von diesem Vorhaben abzuhalten. Steht mein Pferd draußen, werde ich dort diesen Druck am Halfter wieder aufbauen und mein Pferd macht wieder einen Schritt vorwärts bzw. geht wieder in den Hänger. Dort beginne ich wieder von vorne. Nach dem vierten, fünften oder sechsten Mal wird es klappen. Dann verlange ich zwei Schritte rückwärts, zwei Schritte vorwärts, drei Schritte rückwärts, drei Schritte rükkwärts. Ich lade das Pferd viertel oder halb aus dem Hänger, lasse es wieder vorwärts gehen, usw.

Ich lade mein Pferd auch wieder ganz aus, lade es wieder ein. Das Pferd merkt schnell: Immer wenn ein kleiner Druck nach hinten weist, muss ich einen Schritt rückwärts machen. Der Druck sollte eher einem leichten Gefühl gleichen und nicht als **DRUCK** empfunden werden. Weist der Druck nach vorn, geht das Pferd einen Schritt vorwärts, alles ohne zu ziehen. Nur dann erreiche ich eine leichte und weiche Aktion. Wenn mein Pferd so weit ist, kann ich meine Hilfen sogar noch weiter minimieren. Ich lasse mein Pferd zwei Schritte rückwärts treten, fasse das Halfter nicht mehr an, sondern weise auf die Kruppe, schnalze mit der Zunge, und mein Pferd geht nach vorne wie von einem Gummiband gezogen. Es empfiehlt sich, vorne einen Heusack hineinzuhängen. Das Pferd darf sich in den Pausen ohne Weiteres eine kleine Zwischenmahlzeit leisten, denn es soll sich ja im Hänger wohl fühlen. Von Karotten, Kraftfutter oder Leckerlis halte ich dagegen überhaupt nichts. Die Erfahrung hat gezeigt, dass die Pferde nur schnell in den Hänger springen, sich ihre Belohnung abholen und genauso schnell auch wieder herausspringen. Die Aufmerksamkeit ist nur dem Leckerli gewidmet und nicht der eigentlichen Aufgabe. Eine andere Möglichkeit, ein Pferd an einen Hänger zu gewöhnen, ist es, diesen auf die Koppel zu stellen und das Pferd dort zu füttern. Selbstverständlich muss der Hänger gut gesichert sein, dass er nicht umkippen oder sich anderweitig bewegen kann. Die Zwischenwand sollte man dazu herausnehmen, und bald wird der Hänger ein Teil des üblichen Geschehens sein. Allerdings muss man dann einkalkulieren, dass das gute Stück arg ramponiert wiederkommt, denn Pferde spielen auch recht gerne.

> ### Wichtig
> Es kann auch nicht schaden, ein Verladetraining ab und zu in die tägliche Arbeit einzubauen. Wenn ich mal längere Zeit nicht unterwegs war mit meinem Pferd, kann ich nicht unbedingt verlangen, dass es innerhalb von Sekunden in den Hänger geht. So fair sollte ich meinem vierbeinigen Partner gegenüber schon sein!

Das Pferd betritt alleine den Hänger, weil es gelernt hat, sich darin wohl zu fühlen.

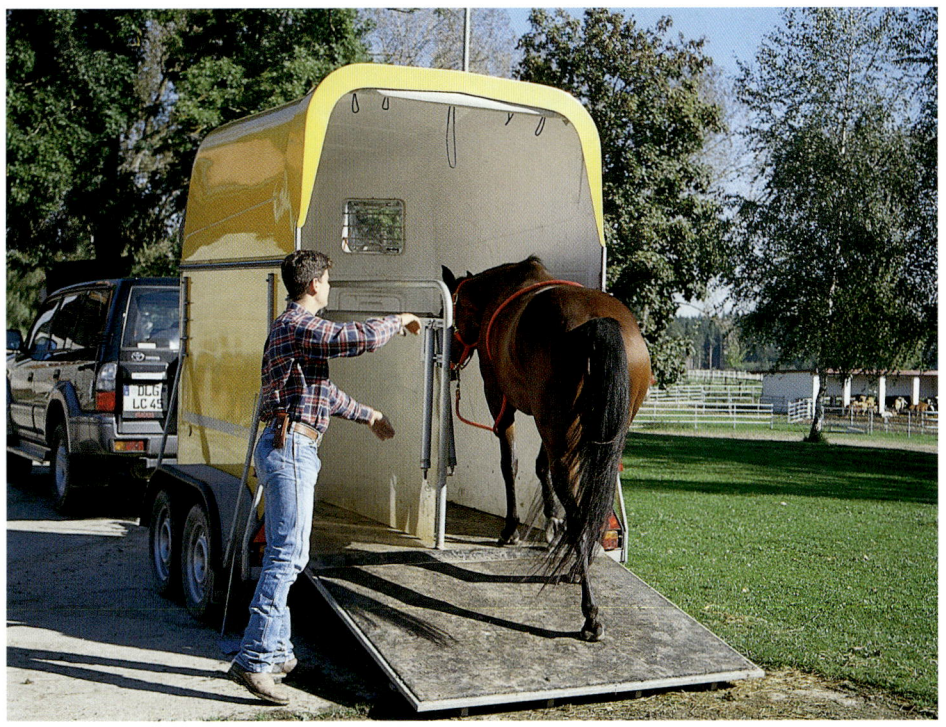

Aus der Praxis

Wenn Sie bis hierher gelesen haben, wissen Sie jetzt, wie ein junges Pferd richtig erzogen und auf das Anreiten vorbereitet wird bzw., was bei den ersten Reitversuchen wichtig ist. Wenn ein Pferd so schonend und mit Verständnis für seine Psyche und seine Instinkte auf die weitere Ausbildung vorbereitet wird, wird sich daran – wenn nicht unvorhergesehene Dinge passieren – ein erfolgreiches Leben als Reitpferd anschließen. Manche Pferde haben aber nicht so viel Glück: Sei es, dass sie unter ungünstigen Bedingungen aufwachsen, in falsche oder zu unerfahrene Hände geraten oder einfach durch zu viele Hände gehen, lange Transporte und Aufenthalte bei Händlern erdulden müssen. Manche Pferde müssen auch mit traumatischen Erfahrungen, z. B. Unfällen oder Misshandlungen, fertig werden. Daraus werden dann häufig Problempferde, die ihr Unbehagen und ihr Unglück auf verschiedene Weise ausdrücken: durch aggressives Verhalten wie Bocken, Steigen, Beißen oder auch durch die Verweigerung der Mitarbeit. Immer wieder bekommt Bernd Hackl solche Pferde ins Training. Zum Glück für sie, denn den meisten kann er helfen!

Bevor ich, Carola Steen, Bernd Hackl und seine Arbeit kennen lernte, hatte ich das Glück, Ray Hunt bei seinem ersten und wahrscheinlich auch einzigen Deutschlandbesuch zu begegnen. Dort wurde mir bewusst, dass man viele Jahre, ja sogar Jahrzehnte mit einem Pferd verbringen kann, ohne das Geringste von seinem Wesen zu begreifen. Menschen haben schnell passende Attribute für ihre Tiere parat: Eine Katze ist eigensinnig, der Hund ist der treue Gefährte und ein Pferd ist edel. So zu sprechen heißt diese Tiere zu vermenschlichen. Tiere sind so, wie es ihnen der Instinkt und ihre Gene vorge-

ben. Ihr Verhalten dient in erster Linie dazu, ihre Art zu erhalten. In Deutschland leben etwa 80.000 Hunde in Tierheimen, weil das Wissen um den treuen Gefährten doch nicht ausgereicht hat, um die Basis für ein gemeinsames Leben darzustellen. Und die Zahl der Pferde, die bei einem Händler oder Schlachter abgeladen werden, weil das Zusammenleben in der Praxis schwieriger wurde, als man es sich vorstellte, ist nicht registriert. In diesem Zusammenhang möchte ich meinen Dank und meinen Respekt ausdrücken vor den Menschen, die uns erlaubt haben, ihre Geschichte und die ihres Pferdes hier abzudrucken. Sie haben viel Zeit und Geduld – und auch viel Geld – investiert, um ihr Pferd kennen zu lernen, um in Zukunft besser zurecht zu kommen. Sie haben sich nicht der Verantwortung entzogen, die sich ergibt, wenn man ein Tier in seine Obhut nimmt.

Die hier abgedruckten Fälle sind nur eine kleine Auswahl aus der Arbeit von Bernd Hackl. Die Besitzer dieser Pferde haben uns ihre – zum Teil sehr persönliche – Geschichte überlassen und meine Aufgabe bestand darin, sie mit dem Arbeitsbericht von Bernd zu verbinden. Dabei habe ich versucht, möglichst wenig zu verändern und das Pferd als Hauptfigur zu würdigen.

Dieses Buch ist kein Fachbuch zum Thema Reiten, auch wenn das Reiten des Pferdes immer das Ziel ist. Reiterliche Techniken werden – soweit es dazu gehört – erwähnt und erklärt, allerdings in begrenztem Umfang. Wichtiger war es uns aufzuzeigen, wie die Übungen aus der Bodenarbeit und dem täglichen Umgang mit dem Pferd die Missverständnisse zwischen Mensch und Tier ausräumen und die Basis schaffen können für ein friedliches und respektvolles Miteinander.

Spiele und Übungen im Wald machen beiden Spaß und geben dem Pferd eine Aufgabe.

Zur richtigen Zeit das Richtige tun, ohne aufgestauten Ärger, ohne Frust und Enttäuschung, das unterscheidet den erfahrenen Pferdetrainer vom »normalen« Reiter und Pferdebesitzer. Wie oft habe ich das am eigenen Leibe erfahren müssen! Im Nachhinein muss ich meinen eigenen Pferden Abbitte leisten in Anbetracht der vielen hilflosen Versuche, reiterlich oder auch nur als Bodenpersonal, die selbst gesteckten Ziele zu erreichen. Zeit und Geduld sind die Schlüssel zum Erfolg, und die Fähigkeit, sich an noch so kleinen Schritten in die richtige Richtung zu erfreuen. Was sind ein paar Monate oder ein paar Jahre intensiver Ausbildung gemessen an dem Zeitraum, den ich mit meinem eigenen Pferd verbringen kann? Die Pferdebesitzer aus unseren Geschichten haben zum Teil noch eine Menge Arbeit vor sich, dank der Vorarbeit durch Bernd Hackl sieht ihre Zukunft – und die ihrer Pferde – aber nicht mehr so düster aus wie vorher.

Allerdings – die Geschichten enthalten kein Patentrezept! Dafür sind die Menschen und auch die Pferde zu verschieden. Die Übungen kann jeder erlernen, das Geheimnis liegt jedoch in dem, was Ray Hunt mit »Timing and Feeling« umschreibt.

Warum gibt es überhaupt Problempferde?

Die vielen Problemfälle, die Bernd Hackl und einige seiner Kollegen und Kolleginnen erfolgreich »therapiert« haben, sind nur die Spitze eines Eisbergs. Viele Reiter und Reiterinnen versuchen ohne professionelle Hilfe und mit manchmal zweifelhaftem Erfolg mit ihren vierbeinigen Partnern zurechtzukommen. Obwohl Reiten weder zu den preiswerten Freizeitaktivitäten zählt noch einfach zu erlernen ist, erfreut es sich nach wie vor wachsender Beliebtheit. Warum gibt es dann aber Probleme? Eine einfache und schlüssige Antwort gibt es darauf leider nicht, jedoch können die folgenden Überlegungen ein kleiner Schritt in die richtige Richtung sein und dazu anregen, sich mit dem einen oder anderen Thema näher zu beschäftigen.

Die Ausbildungsskala der deutschen Reitlehre ist die bewährte Voraussetzung für jedes Reitpferd, egal, ob es in seinem Leben als Dressur- oder Springpferd, im Gelände oder als Freizeitpferd eingesetzt wird. Doch sind nur wenige Menschen bereit, sich dieser langwierigen Prozedur zu unterwerfen. Dazu kommt sicherlich, dass in der einen oder anderen Reithalle auch Jahrzehnte nach dem Krieg immer noch ein gewisser »Kasernenhofton« im Unterricht vorherrscht. Und welcher Mensch verbindet Reiten nicht mit dem Naturerlebnis schlechthin? Das mögen einige der Gründe sein, warum seit vielen Jahren Reitweisen aus anderen Ländern regen Zulauf haben. Mit an vorderster Front ist da das Westernreiten zu nennen. Es hat sich, wie einige andere Reitweisen auch, aus einer Arbeitsreiterei herausentwickelt. Zweckmäßigkeit und Sicherheit sind die wichtigsten Regeln dieser Reitweise. Eine einheitliche Reitlehre, wie sie einst im alten Preußen entstanden ist, sucht man dort jedoch vergebens. Dennoch erkannten schon früh einige weise Horsemen, dass nur der schonende Umgang mit dem »Arbeitskollegen« Pferd zum einen das eigene Überleben sichert, zum anderen auch eine ethische Verpflichtung gegenüber dem vierbeinigen Kameraden ist.

Der moderne Sport- und Freizeitreiter kann heute aus einer Vielfalt an Reitweisen mit den dazugehörenden Ausbildern, Trainingsmöglichkeiten, Büchern, Videos, usw. auswählen. Gleichzeitig sucht er aus einer Vielzahl an in- und ausländischen Pferderassen

»sein« passendes Pferd heraus. Aber warum scheitern so viele Pferd-Reiter-Verbindungen?

Im Gegensatz zu anderen Sportarten oder Freizeitaktivitäten haben wir es hier mit dem einmaligen Fall eines lebendigen »Sportgerätes« zu tun. Auf der anderen Seite steht ein Mensch, der heutzutage eher selten über die ausreichende Erfahrung im Umgang mit Tieren verfügt. Der heute in Städten lebende Mensch ist weit von der Natur entfernt – auch wenn er sich manchmal mittendrin befindet. Wir können es drehen und wenden, wie wir wollen: Ohne ausreichende Kenntnisse über die »Sprache« unseres Freizeitpartners, ohne Gefühl für seine Bedürfnisse und sein Befinden, wird dieser über kurz oder lang Schaden nehmen, und wir unter Umständen auch.

Dieses Buch hat in erster Linie die Praxis im Blickfeld. Jeder Reiter soll in die Lage versetzt werden, mit den Übungen aus der Bodenarbeit und auch mit den Übungen vom Sattel aus einen besseren »Draht« zu seinem Pferd zu finden. Doch jede Bemühung um ein pferdegerechtes Training wird zum Scheitern verurteilt sein, wenn die Rahmenbedingungen nicht stimmen.

Pferdehaltung ist ein sehr komplexes Thema. Keinem Pferdebesitzer bleibt es darum erspart, sich mit dem theoretischen Unterbau auseinander zu setzen, will er nicht – auf lange Sicht betrachtet – die Gesundheit seines Tieres gefährden. Schlechte Haltung oder falsche Fütterung sind nicht immer so ohne weiteres ursächlich mit den Problemen eines Pferdes in Zusammenhang zu bringen. Manchmal muss man schon genauer hinschauen. Die nachfolgende Aufzählung stellt die am häufigsten vorkommenden Ursachen für die Probleme in Kurzform vor, erhebt aber keinen Anspruch auf Vollständigkeit.

Viel Luft und Licht!

Der Tierschutzparagraph verpflichtet jeden Halter dazu, ein Pferd seiner Art und seinen Bedürfnissen entsprechend angemessen zu ernähren, zu pflegen und verhaltensgerecht unterzubringen, und er darf die Möglichkeit des Tieres zu artgemäßer Bewegung nicht so einschränken, dass ihm Schmerzen, vermeidbares Leiden oder Schäden zugefügt werden. Wie sind also 23 Stunden Einzelhaft in einer Box zu verantworten? Das wäre so, als wenn ein Mensch diese Stunden auf einem Klo verbringt, um dann einen 100-Meter-Lauf zu absolvieren. Unsere Pferde sind hoch spezialisierte Lauftiere, ihre Augen mit der großen Rundumsicht, die nach allen Seiten beweglichen Ohren kennzeichnen das Pferd als Fluchttier. Nur wenn das Pferd keine Möglichkeit hat, rechtzeitig alles wahrzunehmen, neigt es zu der bekannten Schreckhaftigkeit. Die Offenstall- oder Gruppenauslaufhaltung ist darum auf dem Vormarsch. Egal, ob das Pferd Partner in der Freizeit ist oder für Arbeit bzw. Sport eingesetzt wird, seine Grundbedürfnisse nach Licht, viel frischer Luft und sozialen Kontakten zu Artgenossen sollten immer wichtigstes Ziel des Besitzers sein. Bernd Hackl hinterfragt bei nervösen Pferden auch die Haltungsbedingungen. Der Wechsel von einer Boxen- zu einer Auslaufhaltung bewirkt in der Regel eine positive Veränderung im Verhalten dieser Pferde.

Der Sattel muss passen!

Bei Rückenproblemen oder sogenannten Unwilligkeiten eines Pferdes geht der erste Blick eines versierten Trainers unter anderem Richtung Sattel. Die Qualen eines schlecht angepassten Sattels sind für uns Menschen wirklich einfach nachzuvollziehen. Stellen Sie sich vor, Sie müssten stundenlang mit zu kleinen oder zu schmalen

Schuhen umherlaufen. Egal, für welchen Sattel – passend zu der gewünschten Reitweise – Sie sich entscheiden: Dieser muss uneingeschränkt passen! Wenden Sie sich an einen Ausstatter, dem eine große Anzahl an verschiedenen Sätteln zur Verfügung steht, um den richtigen auf Ihrem Pferd anzupassen. Dabei spielt das geschulte Auge des Fachmannes (oder Fachfrau) oft eine größere Rolle als die verschiedenen Messsysteme, die zur Zeit auf dem Markt sind. Selbstverständlich sollten Sie den Sattel, der in Frage kommt, ebenfalls ausgiebig einem reiterlichen Test unterziehen. Eine weitere interessante Alternative ist ein Sattel, der – angefangen mit dem Sattelbaum – speziell für Ihr Pferd angefertigt wird. Doch Vorsicht! Denken Sie daran, dass ein Pferd mehrmals seine Form ändern kann, bis es wirklich ausgewachsen ist. Darum ist es immer wichtig, dass der Sattelverkäufer – egal, ob ihr Sattel von der Stange ist oder »maßgeschneidert« – Sie auch weiterhin betreut und berät.

Warum sticht einige Rösser der Hafer?

Neben den Haltungsbedingungen oder einem schlecht passenden Sattel sollte auch die Fütterung bei der Ursachenforschung in Betracht gezogen werden. Dazu folgende Geschichte: »Fury«, ein junger QH-Wallach, wird von Bernd angeritten und ist nach kurzer Zeit mit einem Bosal fein und ohne Probleme zu reiten. Zurück im heimischen Stall gebärdet sich der Wallach jedoch wie ein Mustang, ist unberechenbar und schlecht einzuschätzen. Nach einem schweren Reitunfall befindet sich der Besitzer auf der Intensivstation. Fury scheute bei einem Strauch, in dem sich etwas bewegte, und war daraufhin nicht mehr zu kontrollieren. Bernd ist beunruhigt, er will den Wallach wieder abholen. Bei einem Telefongespräch kommt man auch auf das Thema Fütterung zu

sprechen. Dabei stellt sich heraus, dass das Quarter Horse zweimal am Tag jeweils sechs Liter Hafer bekommt! Bernd empfiehlt, die Rationen stufenweise, aber drastisch zu reduzieren. Einige Wochen später erhält Bernd den erlösenden Anruf von Furys Besitzer: Pferd und Reiter in Ordnung, Fury ist ohne Probleme – sogar nur mit einem Halfter – zu reiten und zu kontrollieren. Auch Balous (siehe »Gambling Dance«) Schreckhaftigkeit war zu einem Teil auf zu energiereiches Futter zurückzuführen.

Ohne Huf kein Pferd

Dieser alte Buchtitel von Fritz Rödder sagt alles aus. Leider wird, was Beschlag und Hufschmied angeht, häufig am falschen Ende gespart. Das fängt schon im Fohlenalter an. Die Geschichte von »Dusty« zeigt es in erschreckendem Ausmaß. Der Wallach entwickelte durch mangelnde Pflege eine Fehlstellung, die fast zur Unreitbarkeit dieses Pferdes geführt hätte. Aber auch bei »normal« gestellten Pferden wird der Schmiedetermin gerne noch ein bisschen hinausgezögert, um die Zusatzkosten niedrig zu halten. Doch jeder Millimeter Horn zu viel am Huf vergrößert den Auffuß-Winkel, der das Bein in eine unnatürliche Stellung zwingt und die Sehnen belastet. Und ob beschlagenes Pferd oder Barfußläufer ist keine Frage des Glaubens, sondern hängt von so vielen Faktoren ab, die sachlich und besonnen abgewogen werden sollten.

Würmer & Co.

Stall- und Weidehygiene sind keine Frage des Glaubens, sondern stehen in einem engen Zusammenhang mit der Gesundheit eines Pferdes. Nasse Einstreu und kotverseuchte Matschausläufe leisten nicht nur Mauke und Strahlfäule Vorschub, sondern unterstützen ebenso die Ausbreitung verschiedener Parasiten. Mit ein paar Würmern wird jedes gesunde Pferd fertig. Wenn jedoch der Wurmbefall zu stark ist, können chronische Schäden die Folge sein. Planloses und häufiges Entwurmen bewirkt eher die gefürchtete Resistenz gegenüber den gängigen Mitteln. Die wirksamsten Präparate der pharmazeutischen Industrie ersetzen weder Stall- noch Weidehygiene. Also kommt der verantwortungsbewusste Pferdebesitzer nicht darum herum, mit Schubkarre und Mistboy loszuziehen und den Auslauf oder seine Weide regelmäßig abzumisten.

Auch Pferde können sich langweilen

Hat man nun sämtliche Dinge, die zu einer artgerechten Pferdehaltung gehören, im Griff, inklusive der passenden Ausrüstung und der Gesundheit des geliebten Rosses, dann kann es trotzdem passieren, dass eben dieses Ross die Zügel selbst in die Hand – pardon, Huf – nimmt. Dazu folgende Geschichte: Gauner, der Weidekumpel von Alaa El Din, ist ein solch schlaues Ross. Gauner ist ein brauner Arabo-Haflinger, der an-

derthalbjährig zu seinen jetzigen Besitzern kam. Nachdem Alaa so erfolgreich von Bernd trainiert wurde, war klar, dass Gauner auch von ihm zugeritten werden sollte. Gauner würde man nicht unbedingt als Problempferd bezeichnen, auch wenn seine Ungeduld und seine Neugierde die Besitzer auf manch harte Probe stellten. So fielen schon etliche Abschwitzdecken seinen Zähnen zum Opfer. Sein Glanzstück war jedoch der Härtetest für ein Paar Qualitäts-Gamaschen. Die bekam er nämlich ganz neu angepasst in Anbetracht seines Trainings bei Bernd Hackl. Den Rest muss man sich ungefähr so vorstellen: Gauner senkte den Kopf, betrachtete seine neuen Schoner eine kurze Weile, um sie dann stückchenweise von seinen Vorderfüßen zu rupfen. »Nomen est Omen« – sein Name sagt alles aus. Auch während der übrigen Zeit stellte er die Nerven des Trainers auf eine harte Probe. Für Gauner war alles ein großes, lustiges Spiel und Bernd brauchte seine ganze Trickkiste, um dem kleinen braunen Burschen die Regeln des Alltags näher zu bringen.

Max wird gebändigt

In dieser Geschichte geht es um einen Haflinger. Die netten Gebirgspferde mit ihren zumeist blonden Mähnen haben ihren Ursprung in Südtirol. Es handelt sich um eine vergleichsweise junge Rasse. Vor etwa 125 Jahren, nämlich 1874, soll im Vinschgau ein Hengstfohlen geboren worden sein, das als Begründer dieser Rasse gilt. Mit knapp 13.000 Zuchtstuten und etwa 570 Zuchthengsten stellen die Haflinger über ein Drittel der gesamten Kleinpferdezucht in Deutschland. Aus dem ehemaligen Trag- und Zugpferd ist durch Zuchtselektion ein vielseitiges Pferd für Freizeit und Sport – sowohl vor der Kutsche als auch unter dem Sattel – geworden.

Seine enorme Verbreitung mit teilweise erheblichen Populationsstärken ist gleichzeitig sein Verhängnis. Haflinger, die dem absoluten Zuchtziel in Bezug auf Farbe und Aussehen nicht entsprechen, sind sehr preiswert zu erwerben. Damit ist dem Missbrauch Tür und Tor geöffnet. Jeder Pferdekenner hat noch die Schlagzeilen vor Augen, die von dem Elend der Haflingerabsetzer auf süddeutschen Viehmärkten berichteten. Wird ein solches Pferdchen aus Mitleid gekauft, um ihm den Transport in italienische Schlachthöfe zu ersparen, ist sein Leidensweg deswegen noch lange nicht zu Ende. Manchmal sind die rettenden Hände nicht unbedingt fachkundige Hände. Aus einem niedlichen Absetzer wird aber so sehr schnell ein kräftiges Pferd, das sich mit allen ihm zur Verfügung stehenden Mitteln zur Wehr setzt.

Leider entsprach Max voll und ganz dem weit verbreiteten Klischee eines sturen, absolut unmöglichen Exemplars dieser Rasse. Recherchen haben ergeben, dass auch Max durch mehrere Hände gewandert ist, bis er 13-jährig zu Julia und Mareike kam. Unter

diesen Vorbesitzern müssen auch Menschen gewesen sein, die ihren ganzen Frust und ihre Komplexe an dem Tier ausgelassen haben. Es gibt Pferde, die sich nach Misshandlungen aufgeben, stoisch werden und sehr misstrauisch. Max hat sich gewehrt, er hat gebissen und gezielt ausgeschlagen. Ponys sind dafür bekannt, dass sie sich nicht so schnell einschüchtern lassen.

Die beiden Schwestern Julia und Mareike reiten seit Kindertagen und verbringen ihre ganze Freizeit mit Pferden. Nach langem Sparen wollen sich die beiden endlich ein Pony kaufen. Zu dieser Zeit hatte eine Bekannte der Familie das Abitur gemacht, ging studieren und der besagte Max – damals dreizehn Jahre alt – war sozusagen übrig. Man sagte zwar, dass er schwierig sei und man ihm ab und zu zeigen müsse, »wo der Hammer hängt«. Doch Max übertraf alle menschenmöglichen Vorstellungen! Er hatte sämtliche Tricks und Kniffe auf Lager, um sich der Arbeit und sonstiger Verpflichtungen eines Freizeitponys zu entziehen.

Max liebt seine Koppel und alles, was sein Reich betritt, ist ein erklärter Feind. Bald merkt er, dass es mit Arbeit verbunden ist, wenn er seine Koppel verlassen muss. So kommt es, dass er anfängt sich zu wehren. Er geht auf Julia und Mareike los. Galoppiert zum Teil sogar auf sie zu, um sich im letzten Moment umzudrehen und nach ihnen auszuschlagen. Anschließend sucht er das Weite. Die Schwestern sind mit den Nerven am Ende. Sie überlegen sich, wie sie ihr Pony überlisten können. Sie nehmen ein anderes Pferd mit und laufen so zu Max. Das klappt zunächst auch. Er lässt sich das Halfter überziehen, allerdings muss man das Führseil über die Nase spannen, sonst wäre er wie der Blitz doch gleich wieder abgehauen.

Nachdem Julia und Mareike ihr Pony mit Gerte und Führseil ein wenig in den Griff be-

Max heute – früher wäre das undenkbar gewesen!

kommen haben, fängt Max an, auf andere Leute loszugehen, wenn die ihr Pferd von der Koppel holen wollen. Das kann natürlich kein Dauerzustand bleiben und die Mädchen sind nahe dran, Max wegzugeben. Als letzte Maßnahme beschließen sie, ihn jeden Tag so lange zu reiten, bis er so erschöpft ist, dass er keine Lust mehr haben würde, jemanden zu ärgern. Alle Einsteller in dem Stall bekommen die Anweisung, eine Gerte mitzunehmen und die auch zu benutzen, wenn sie auf Max' Koppel müssten. Tatsächlich geht diese Rechnung auf!

Was sich zunächst vielleicht noch spaßig anhört, wird aber langsam doch zu einem ernsten Problem. Die Gefahr, die von solchen Pferden ausgeht, wird nur zu gerne unterschätzt und heruntergespielt. Aber der glückliche Zufall führt die Familie und Max zu

einem Wochenendkurs mit Bernd Hackl. Auch Bernd – obwohl schon einiges gewöhnt – staunt nicht schlecht. Er und alle anderen Leute erklären die Familie für verrückt, so ein Pferd zu halten. Inzwischen wollen Julia und Mareike ihr Pony aber nicht mehr hergeben, und so erklärt Bernd sich einverstanden, Max in Beritt zu nehmen.

Jeder »Beritt« fängt am Boden an. Bernd möchte zuerst eine Beziehung zu dem Tier aufbauen, eine natürliche Mischung aus Vertrauen und Respekt etablieren. Aber Max hält von einer Zusammenarbeit irgendwelcher Art überhaupt nichts. Schon in der Box versucht der Haflinger, Bernd anzugreifen. Deswegen kommt Quarter-Horse-Wallach Bill als Co-Trainer zum Einsatz. Von einem anderen Pferd aus ist das Training erst mal ungefährlicher und die erhöhte Position flößt Respekt ein. Nach etwa zwei Wochen erkennt Max, dass es auch für ihn ein Nachgeben und Weichen gibt und er wird erst mal das, was Bernd halfterführig nennt. Fortan kann Bernd die Bodenarbeit auch wirklich vom Boden aus weiterführen.

Max versucht zwar immer wieder, sein Gewicht einzusetzen, indem er Bernd anrempeln möchte. Aber Bernd nutzt derartige Situationen für sich aus. Er lässt ihn immer wieder ins Leere laufen und mit Vorder- und Hinterhandkontrolle lenkt er die Energie in für ihn angenehme Bahnen. Bald kommt der Zeitpunkt, an dem es reiterlich weitergehen soll. Normalerweise benutzt Bernd am Anfang ein Snafflebit, also eine ganz normale Westerntrense. Doch bei einem älteren Pferd, das nie gelernt hat, ein Gebiss anzunehmen, ist die Sensibilität im Maul kaum noch vorhanden. Für eine gebisslose Zäumung ist Max zu heftig und zu unsensibel. Also muss

Fleißiges Üben gehört natürlich dazu!

Bernd in diesem besonderen Fall zuerst zu einem Korrekturgebiss greifen. Ein solches Gebiss wird nur innerhalb einer begrenzten Zeit benutzt, danach sollte die Aufmerksamkeit für eine normale Trense da sein.

Auch beim Reiten sucht Max bei ungeliebten Aufgaben sein Heil in der Flucht, doch die Kontrolle seiner Hinterhand bringt ihn wieder schnell in die Spur und erinnert ihn daran, dass der Chef im Sattel sitzt. Mit der Zeit wird aus dem sturen Pony ein passables Reitpferd. Jetzt ist die Zeit gekommen, um Max zu testen. Draußen im Gelände sind derartige Tests riskant und nicht anzuraten. Bernd wählt dafür die Cutting-Maschine. Eine Stoffkuh flitzt auf Drähten hin und her. Das ist für jeden Reiter, der auf einem Pferd sitzt, das gelernt hat, seinen Fluchtinstinkt zu benutzen, der reinste Horror. Bernd kommt in Rekordzeit von einem Ende des Reitplatzes zum anderen. Aber Max ist auch ein neugieriges Pony. Die Kuh zu kontrollieren ist eine interessante Aufgabe. Ungefähr dreimal in der Woche arbeitet Bernd mit Max an der künstlichen Kuh und der Haflinger lernt, seine Kraft für etwas Sinnvolles einzusetzen.

Nun arbeiten Julia und Mareike sehr viel mit ihm. Sie besuchen mit Max weiterhin Wochenendkurse bei Bernd oder nehmen auch mal ohne Max Reitunterricht. Ohne Bernds Hilfe würde es Max heute wohl nicht mehr geben! Und es macht allen wahnsinnig Spaß, nach Bernds Trainingsmethoden mit Max zu arbeiten, weil man auch merkt, dass er will und mitzieht. Jetzt ist Max am Anfang dessen, was aus einem umgänglichen Pony ein weiches und zuverlässiges Reitpferd machen wird. Man muss nun anfangen, Hilfen zu verfeinern und mit wenig viel erreichen. Das geht allerdings nur, wenn die viel beschriebene Basis vorhanden ist, auf die man aufbauen kann.

Shorty hat ihre innere Ruhe verloren

Diese Geschichte beginnt so normal und unspektakulär, wie es nur sein kann. Elke, ihr Mann und die Tochter der beiden haben Shorty selbst gezogen. Nach drei Jahren ist man der Meinung, das Pferd müsse ordentlich ausgebildet werden, und das kann ja nur ein wirklich namhafter Trainer. Also kommt ein absolut liebes und sympathisches Pferd mit Namen »Charly's Shorty Jewel«, genannt »Shorty«, zu einem »großen« Trainer.

Nach vier Monaten und nicht gerade wenig Kosten soll Shorty wieder abgeholt werden. Die Tochter darf sich genau fünf Minuten in der Halle draufsetzen. Der Trainer hat allerdings keine Zeit dabei zu sein, denn obwohl drei seiner Praktikanten und Lehrlinge untätig in der Gegend herumstehen, muss er genau in diesen paar Minuten füttern. Es ist nachmittags um fünf.

Kaum zu Hause kommen alle aus dem Staunen nicht mehr heraus. Shorty zeigt, was sie gelernt hat: Sie bockt, bockt, bockt! Rodeo ist dagegen ein Kindergartenspiel. Dafür bekommen die Besitzer zwei Wochen darauf noch eine Tierarztrechnung über 200 € nachgereicht. Dabei ist Elke gar nicht mitgeteilt worden, dass ihr Pferd eine Tierarztbehandlung benötigte. Es gibt noch weitere Unstimmigkeiten finanzieller Art, obwohl Shortys Familie die monatlichen Kosten immer pünktlich überwiesen hat. Weitere unerfreuliche Einzelheiten ersparen wir uns hier.

Das Pferd ist definitiv nicht zu reiten und die Besitzer sind ratlos. Irgendwann im Frühjahr stoßen sie auf die Internetseite von Bernd Hackl. Die Bilder und die Erklärungen dazu sprechen Shortys Besitzer voll und ganz an – wenn nur dieses Misstrauen nicht gewesen wäre. Aber der Leidensdruck ist groß, entweder das Pferd verkaufen oder doch noch einmal etwas versuchen. Sie bringen Shorty zu Bernd. Zuerst wird er Bodenarbeit mit ihr machen, um Vertrauen aufzubauen – das kann die Pferdebesitzer noch nicht ganz überzeugen, zu tief sitzt das Misstrauen.

Nach der Eingewöhnungszeit steht der erste Besuch an. Aufgrund ihrer Erfahrungen befürchtet Elke, sie müsse ihr Pferd wieder einladen und mitnehmen. Aber die Überraschung ist groß. Bernd reitet das Pferd vor, mit Sattel und Trense, das geht ja noch. Dann allerdings halten alle den Atem an. Bernd bringt es fertig und nimmt Shorty zuerst den Sattel ab. Dann setzt er sich wieder drauf und nimmt Shorty auch noch die Trense ab, legt ihr die Zügel um den Hals und reitet in aller Seelenruhe über den Platz.

Was ist passiert? Als Shorty zu Bernd kam, war sie nicht nur unreitbar, sie lief auch ständig in der Box hin und her. Ein deutliches Zeichen psychischer Überlastung. Das Pferd war nicht mehr in der Lage, Stress auf vernünftige Art und Weise abzubauen. Der Verhaltensforscher spricht von einem Missverhältnis des Dis- und des Eu-Stress (Dis – auch Dif – ein Wortteil aus dem Lateinischen mit der Bedeutung »auseinander«, »zwischen« oder »Umweg«; Eu – ein Wortteil aus dem Griechischen mit der Bedeutung »gut«, »normal«). Stress ist lebensnotwendig, besonders bei einem Fluchttier wie dem Pferd. Bei Auftauchen einer Gefahr, z. B. eines Raubtiers, werden vermehrt Stresshormone wie das Adrenalin ausgestoßen, es aktiviert sämtliche Muskeln und sichert im Notfall das Überleben. Kann das Tier aber in Ruhephasen diesen Stress durch positive Erlebnisse nicht wieder abbauen, kommt es zu einem Fehlverhalten. Je nach Veranlagung sind das motorische Störungen wie bei Shorty oder das Pferd fängt beispielsweise mit dem Koppen an. Bernd gewöhnt dem Pferd das Herumlaufen in der Box ab, indem er sechs bis sieben

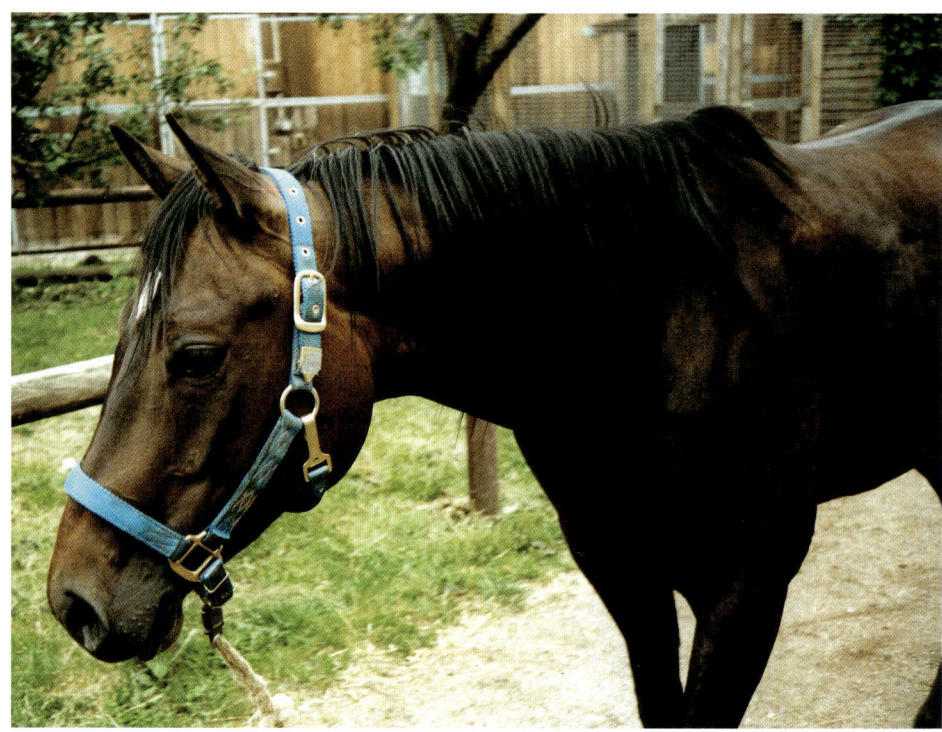

Charly's Shorty Jewel

Autoreifen hineinwirft. Das veranlasst das Pferd genau hinzuschauen, wo es seine Beine hinsetzen muss. Es gibt dem Pferd eine Möglichkeit zu überlegen, wenn es alleine ist, und so verrückt es auch klingen mag: Es gibt dem Pferd seine innere Ruhe zurück. Shorty bekam offensichtlich nicht genug Gelegenheit, das Gelernte zu verstehen und zu verarbeiten. Natürlich reichen diese Autoreifen in der Box nicht aus, um aus diesem aufgewühlten Tier wieder ein normales, zufriedenes Pferd zu machen.

Zuerst kommt die Bodenarbeit – wie immer. Bernd will dem Pferd vermitteln, dass ein Zupfen am Führstrick (= Zügel) nichts mit der Lenkung zu tun hat, die es kennen gelernt hat. Er will vielmehr eine Kontrolle über die Beine erreichen. Mit Zupfen am Strick kann man ein Bein in eine bestimmte Richtung versetzen. Gleichzeitig möchte er ein weiches Nachgeben des Pferdes erreichen, denn Shorty hat auch schon gelernt, sich auf das Gebiss zu legen. Um anfangs die Ruhe im Pferd etwas zu fördern, verabreicht Bernd Rescue-Tropfen, das ist ein Mittel aus der Bachblütentherapie. In den ersten Tagen sind es vier bis fünf Tropfen, jeweils morgens und abends. Später dann noch mal fünf Tropfen vor dem ersten und zweiten Ritt.

Als das Pferd anfängt, vom Boden aus weich zu reagieren, beginnt Bernd im Round Pen das Reittraining. Vorerst noch mit einem Halfter, und zwar um zu vermeiden, dass das

Pferd sofort in alte Verhaltensmuster zurück-fällt und sich auf das Gebiss legt. Sobald Bernd merkt, dass Shorty das Bocken anfangen will, reitet er die Stute energisch am losen Zügel vorwärts. Nach drei oder vier Bocksprüngen sieht sie ein, dass es weniger anstrengend ist, vorwärts zu laufen als zu bocken. Natürlich bekommt Shorty jedes Mal ein dickes Lob, wenn sie fleißig vorwärts geht. Es ist wichtig, ein Pferd, das loslaufen will, nicht festzuhalten. Insbesondere bei bockenden Pferden muss die Tür nach vorne immer offen sein.

Als die Vorwärtsbewegungen flüssig und weich werden, fängt Bernd an, sein Pferd so weich wie möglich zu lenken. Nach ein bis zwei weichen Lenkbewegungen hält er Shorty durch einen »One-Rein-Stop« an, steigt ab,

öffnet den Gurt und räumt das Pferd weg. Es ist wirklich offensichtlich, wie diesem Pferd ein Stein vom Herzen fällt. Der Grund ist einfach der: Bernd hat die Aufgaben so einfach wie möglich gestaltet, nicht unnötig an den Zügeln (dito Strick) herumgezogen und das Pferd bei guten Aktionen ausreichend gelobt. Am nächsten Tag ist von Bocken keine Rede mehr und alle Aufgaben werden zu beiderseitiger Zufriedenheit erledigt. Das Pferd ist nach relativ kurzer Zeit wie umgewandelt durch eifriges Vorwärtsreiten und dem Fördern einer natürlichen Losgelassenheit.

Inzwischen wird Shorty von der ganzen Familie geritten, einschließlich der Tochter. Die Quarter-Horse-Stute ist wieder das liebe und sympathische Pferd geworden, das alle kannten.

Sir John – der ängstliche Tinker

Tinker finden auf Grund ihrer Ruhe, Zuverlässigkeit und Ausgeglichenheit immer stärker Eingang in die deutsche Freizeitreiterszene. Außerdem ist eine große Anzahl von ihnen wegen ihrer Kompaktheit und des guten Fundaments ein ausgesprochener Gewichtsträger. Wer dann noch Farbe in den Alltag und in seinen Stall bringen möchte, kommt an den irischen Einwanderern nicht vorbei. Da der Irish Tinker in den Hauptzuchtgebieten Irland, England und Wales wie auch in den USA immer noch sehr in Größe, Körperbau und Wesen variiert, ist es schwierig, einen einheitlichen Rassestandard festzulegen. Die deutschen Interessenverbände bemühen sich um eine verbindliche Zuchtrichtung, die zur Zeit von der FN aber noch nicht anerkannt wird.

Dabei ist die Herkunft und die Geschichte dieser Pferde durchaus bekannt. In der Zeit des Barocks waren gefleckte Pferde beliebt, später waren Schecken in fast allen europäischen Zuchten unerwünscht und wurden entweder geschlachtet oder an das fahrende Volk verschenkt. Das fahrende Volk in Irland wurde Tinker (= Kesselflicker) genannt. Tinker war und ist eher eine abfällige Bemerkung. Ihre Planwagen, auf denen ihr gesamtes armseliges Hab und Gut untergebracht war, wurden von diesen gemütlichen Pferden – oft im Verband mit Eseln – gezogen. Die Fohlen wuchsen mit den Kindern innerhalb der Familie auf und waren dementsprechend menschenbezogen. Überliefert ist ihre herausragendste Eigenschaft, bei Gefahr nicht panisch davonzustürmen, sondern eben stehen zu bleiben und abzuwarten, was sich ergibt. Diese Eigenschaft war lebensnotwendig, wollten doch die Kesselflicker nicht ihren Wagen mit dem ganzen Hausrat verlieren.

Mit all diesen Eigenschaften bieten sich die Tinker für Freizeitreiter, die es etwas gemütlicher wollen, geradezu an. Vor ein paar Jahren war die Nachfrage allerdings größer als das Angebot und dem Missbrauch damit Tür und Tor geöffnet. Heutzutage wachsen viele Tinker auf großen Weiden halbwild auf und haben demzufolge wenig Kontakt mit Menschen. Wie man sich unschwer vorstellen kann, lassen Pflege und Versorgung dieser Pferde zu wünschen übrig. Händler kaufen auf Pferdemärkten in Irland oder England alles auf, was gescheckt ist. Diese Tiere werden dann auf eine lange und oft nicht tierschutzgerechte Reise per Schiff in die Niederlande oder nach Deutschland geschickt. Bis so ein Pferd dann endgültig bei einem verständnisvollen Menschen angekommen ist, kann noch viel Zeit ins Land gehen.

Gabi ist auf der Suche nach einem ruhigen und gemütlichen Freizeitpferd. Gewichtsträger soll es sein, gerne etwas älter, und angenehme Gänge soll es haben. Eben so ein richtiges »Schaukelpferd«, das mit ihr durch dick und dünn geht. Nach dem Studium verschiedener Bücher und Zeitschriften stößt sie auf die Tinker. Genau das ist es! Eine Anzeige in einem Fachmagazin für Pferdean- und -verkauf macht Gabi neugierig und sie schaut sich diesen Stall näher an. Der erste Eindruck ist ordentlich, die Pferde stehen in Boxen mit Paddocks und auch ansonsten scheint es mit rechten Dingen zuzugehen. Eine Tante dieser Händlerin – heißt es – holt Irish Tinker direkt und persönlich aus Irland. Die Inserentin der Anzeige vermittelt diese Pferde nur hier in Deutschland. Leider kann Gabi ihren Tinker wegen fehlender Unterstellmöglichkeit nicht gleich mitnehmen. Kein Problem, scheint ihr der Stall doch ordentlich geführt. Auch bei den folgenden Terminen – allerdings mit Voranmeldung – fällt Gabi nichts Außergewöhnliches auf. Als

In der Herde fühlt sich Sir John am wohlsten.

sie dann endlich ihren Sir John abholen will, trifft sie der Schlag. Da stehen fünf Pferde dicht gedrängt in einer Box im knöcheltiefen Mist und alles befindet sich in einem katastrophalen Zustand. Eine haarsträubende Geschichte dient als Entschuldigung. Gabi schnappt sich ihren Sir John und der stürmt mit ihr geradezu in den Hänger, als ob er froh sei, von diesem Ort erlöst zu werden. Daheim angekommen steht er wochenlang nur in einer Ecke der Box. Seine Muskeln sind so verspannt, dass sie sich im Stehen an der Hinterhand wie ein Herz abbilden. Mit Hilfe zweier Freundinnen gelingt es Gabi, einen Zugang zu diesem Pferd zu finden. Man versucht es mit Massagen und TTouches, aber jede unbekannte Berührung versetzt Sir John in Panik. An einen Schmiedetermin ist gar nicht zu denken, obwohl seine Hufe in

einem desolaten Zustand sind. Wie sich bald herausstellt, ist ihr siebenjähriges »Verlasspferd« allerhöchstens viereinhalb Jahre alt und vollständig roh. Aufgrund der schlechten Versorgung im Fohlenalter taugt das Zahnbild nicht zu einer genauen Bestimmung. Nach einem Jahr ist Sir John im Umgang so weit gefestigt, dass an ein Anreiten zu denken ist. So kommen beide zu Bernd Hackl. Das Misstrauen gegenüber Männern ist bei diesem Pferd stark ausgeprägt. Er ist schreckhaft, Bernd kann nur sehr vorsichtig mit ihm umgehen. Da Bernd nur schwer Zugang zu diesem Pferd findet, geht er mit seinem Co-Trainer, QH-Wallach Bill, und Sir John in den Round Pen. Dort longiert er den scheuen Tinker und treibt ihn im Schritt vorwärts, bis Bernd seine Aufmerksamkeit hat. Immer wenn Sir John die beiden anschaut, wird er in Frieden gelassen. Ganz langsam fasst Sir John Vertrauen. Dann wird er mit Halfter und Führstrick an das Sattelhorn fixiert, und Bernd kann vorsichtig mit dem Aussacken beginnen. Zuerst mit einem Pullover, bald mit einer Jacke, dann mit einem Pad und auch mit dem Fähnchenstock.

Nachdem auch diese ungewöhnlichen Berührungen für Sir John Alltag sind, kann Bernd endlich auch vom Boden aus arbeiten. Er stellt seinen Bill aber immer noch als Kumpel mit in den Round Pen, um Sir John nicht zu verunsichern. Tatsächlich kommt der Tinker nicht nur auf Bill zu, sondern auch auf Bernd. Sehr langsam lernt das Pferd, dass es auch Männer gibt, denen er vertrauen kann. Im Verlaufe des Aussackens nimmt Bernd das Rope dazu, um an den Füßen zu arbeiten. Die Hufpflege ist ja ebenfalls ein schwieriges Unterfangen bei diesem Pferd. In der ersten Zeit des Beritts können nur Bernds Frau oder eine Praktikantin seine Hufe auskratzen. Auf Männer reagiert er panisch und schlägt sofort aus.

Durch das Aussacken und durch die Arbeit mit dem Rope bekommt man diese Probleme in den Griff. Dann geht es endlich ans Satteln. Dazu holt Bernd sich wieder ein paar Herdenkollegen in den Round Pen und Sir John läuft jetzt mit Sattel dort mit und gewöhnt sich – gewissermaßen ganz nebenbei – daran. Damit es zu keinen Rangeleien oder gar Schlägereien kommt, stellt Bernd vorher von seinem Ponyhorse aus eine Rangordnung her. Manchmal sind sechs Pferde im Round Pen und Sir John fühlt sich wohl, da die anderen ja auf ihn aufpassen.

Nach dem Satteln kommt das Aufsteigen. Bernd gewöhnt Sir John Schritt für Schritt daran, dass ein Mensch auf ihm Platz nehmen wird. Doch Sir John findet diese Idee nicht gut. Sobald Bernd im Round Pen auftaucht, versteckt sich der Tinker hinter seinen Teamkollegen. Also muss Bill wieder ran. Zum Teil an der Hand, manchmal auch auf Bill sitzend, treibt Bernd Sir John von den anderen weg und gibt ihm erst mal Arbeit. Langsam kommen erst die Aufmerksamkeit, dann auch wieder das Vertrauen zurück. Vorerst begnügt sich Bernd damit, auf Sir John aufzusteigen, um gleich wieder abzusteigen. Entgegen der sonstigen Gewohnheit gibt es Heu im Round Pen, damit Sir John sich wohl fühlt, obwohl ein Mensch auf ihm draufsitzt.

Bei diesem Pferd wird mit allen alten Horsemen-Tricks gearbeitet. Es geht einfach darum, ein möglichst »normales« Pferd aus ihm zu machen. Auch die Reitstunden absolviert Sir John in einer kleinen Herde von Berittpferden. Bei keinem Pferd kann man diese Veränderung so intensiv beobachten wie bei diesem misstrauischen Tinker. Reitet Bernd mit ihm allein, bleibt der Schecke argwöhnisch und verspannt. Eine schlechte Ausgangslage, um etwas zu lernen. Ist Sir John aber in der Pferdeherde, entspannt er sich und ist offen für alles Neue. Wenn Bernd mit ihm andere Pferdekollegen zur Seite schiebt oder eine andere Ordnung in der Herde aufstellt, gibt Sir John das ein ganz neues Selbstbewusstsein. Auf einmal macht Reiten einen Sinn, die Arbeit macht ihm sichtlich Spaß.

Als Bernd zu weiterführenden Übungen wie dem »One-Rein-Stop« übergehen will, macht Sir John den Hals steif und sucht sein Heil in der Flucht. Als erste Maßnahme stellt Bernd ihn von Halfter und Strick auf ein Gebiss um. Damit kann Bernd an der Nachgiebigkeit nach links und rechts arbeiten. Sobald aber der Schenkel oder ein Sporen hinter den Sattelgurt kommen, macht Sir John die Hinterhand steif und nichts geht mehr. Häufig ist das eine Situation, in der viele Reiter aufgeben. Sie gehen lieber der Konfrontation aus dem Wege, gehen mit ihrem Pferd ein »gentleman's agreement« ein. Aber stellen Sie sich vor, Sie stehen mit Ihrem Pferd an einer Straße und es kommt ein 40-Tonner vorbei. Pferd und Reiter müssen sich in einem solchen Moment einig sein. Geduld steht zwar an allererster Stelle im Training, aber ab und zu muss Bernd seinen Willen durchsetzen und dem Pferd dort eine Grenze setzen, wo es um die Sicherheit geht. Er war zwar mit Sir John noch nicht im Gelände, doch solange er sich nicht sicher sein kann, dass sein Pferd dort anhält, wo er es möchte, wird er es auch nicht darauf ankommen lassen.

Auf dem Reitplatz arbeitet Bernd so lange an der Nachgiebigkeit der Hinterhand, bis Sir John verstanden hat. Ausdauer und eine gewisse Sturheit seitens des Reiters sind der Schlüssel zum Erfolg. Leider ist die Nachgiebigkeit im Hals immer noch nicht zufriedenstellend. Die Überlegung, Sir John auszubinden, wird ganz schnell wieder verworfen. Bei Pferden mit kurzem oder mächtigem Hals wäre es vergebliche Mühe, sich an dieser Stelle festzubeißen. Bernd reitet sehr viele Volten und Kontervolten (Außen-, Innenstellung) mit Sir John. Das trainiert die Geschmeidigkeit der Halsmuskulatur und über die verbesserte Kontrolle der Hinterhand wird das Pferd insgesamt wesentlich lockerer.

Der einzige Schwachpunkt, der am Ende des Beritts übrig bleibt, ist der Galopp. Pferde, die im Kaltbluttyp stehen, tun sich in aller Regel auch schwer damit, werden sie doch für ganz andere Zwecke gezüchtet. Möchte man ein schweres Pferd in einer angenehmen Galoppade reiten, muss man sich auf langes, geduldiges Gymnastizieren einstellen. Bernd bedauert es sehr, dass Gabi, die Besitzerin von Sir John, in dieser Zeit keine Möglichkeit findet, ihr Pferd zu reiten. Es wäre sehr hilfreich gewesen, wenn sie von ihm eine Anleitung für die weitere Arbeit zu Hause erhalten hätte.

Abschließend bleibt leider festzustellen, dass Sir John nicht die für Tinker typische Eigenschaft besitzt, bei Unbekanntem einfach stehen zu bleiben und abzuwarten, was sein »Rudelführer« angibt, sondern in panischer Angst davon rennt. Das bedeutet für den Reiter, dass er einen sicheren Sitz und gute Nerven haben muss. So wird Sir John inzwischen nicht von Gabi geritten, sondern von einer jungen Stallkollegin, die diese wichtigen Eigenschaften besitzt, und so dem Pferd vermitteln kann: »Es ist alles im grünen Bereich.«

Dinky fühlt sich betrogen

Petra hat ihre Quarter-Horse-Stute 3-jährig völlig roh gekauft. Dinky ist eine brave, umgängliche, allerdings auch sehr temperamentvolle Stute. Die Gewöhnung an einen Sattel und das Anreiten verlaufen problemlos. Die Probleme beginnen, als Dinky sich im Alter von fünf Jahren eine Sehne anreißt. Vom Tierarzt wird ihr eine dreimonatige Boxenruhe verordnet. In dieser Zeit darf Dinky nur geführt werden. Nach einem Monat, als die Schmerzen nachlassen, sieht Dinky nicht mehr ein, warum sie nur langsam im Schritt neben Petra herlaufen soll und nicht rennen darf. Nach insgesamt drei Monaten, als Petra wieder etwas mehr mit ihr machen und mit einen leichten Trab beginnen will, gewinnt Dinkys Temperament die Oberhand und sie geht durch. Leider ist der Sehnenapparat noch nicht so stabil, dass diese Aktion folgenlos bleibt. Daraufhin hat Dinky eine Sehnenzerrung. Also wieder drei Monate Boxenruhe! Das Führen wird immer schwieriger und ist letztlich nur noch mit einer Kette möglich. Nachdem diese Sehnenzerrung ausgeheilt ist, kann Petra wieder ans Reiten denken.

Nach etwa einem Jahr stürzt Dinky auf dem Reitplatz unglücklich und zieht sich wieder eine Sehnenzerrung zu. Das Spiel beginnt von vorne: drei Monate Boxenruhe, Führen nur mit Kette möglich! Danach ist das Verhältnis von Mensch und Pferd gestört. Beim Reiten bockt Dinky. Sie schafft es auch, Petra abzusetzen. Nach einem höchst unangenehmen Sturz auf den Rücken traut sich Petra nicht mehr zu reiten. An der Longe ist Dinky auch nicht mehr zu halten und auf der Koppel rennt sie so lange, bis ihr irgendetwas weh tut. Das führt wiederum dazu, dass Petra sie nicht mehr auf die Weide lässt, sondern nur noch an der Hand führt. Aber das macht

Dinkys Temperament nicht mit. Die Situation spitzt sich zu. Petra kann ihr Pferd außerhalb der Boxengasse nicht mehr vernünftig führen, geschweige denn longieren oder reiten. In der Zwischenzeit hat Petra von Bernd Hackl gehört. Sie erkennt, dass sie das Problem selbst nicht lösen kann. Sie vereinbart einen Termin und hofft, das Bernd ihrer Dinky helfen wird.

Nach drei Monaten Training hat Dinky zwar mit dem Bocken aufgehört und ist auch etwas ruhiger geworden, aber Bernd ist nicht zufrieden. Er fragt Petra, ob sie mit einer kinesiologischen Untersuchung einverstanden wäre. Er ist überzeugt, dass Dinkys Probleme viel tiefer liegen. Das Pferd lässt sich zwar reiten, geht aber nie richtig entspannt und arbeitet auch nicht willig mit. Die Untersuchung durch eine Tierheilpraktikerin bestätigt Bernds Verdacht. Dinky fühlt sich durch die langen Phasen der Boxenruhe betrogen und eingesperrt. Sie hat das Vertrauen verloren. Am Tag nach dieser Behandlung ist Dinky wie ausgewechselt. Sie rennt nicht mehr kopflos auf dem Paddock auf und ab wie die vorhergehenden drei Monate.

Außerdem stellt Bernd Dinky von einem Snaffle-Bit auf ein ungebrochenes Mullen-Mouth-Bit (= Westernkandare) um. Dinky arbeitet jetzt beim Reiten mit und macht gute Fortschritte. Die Stute versucht wieder Vertrauen zu fassen. So kann Petra sie dann nach weiteren zwei Monaten in den heimischen Stall holen. Sie hat in der Zwischenzeit auch den Reitstall gewechselt. Ein ganzes Jahr reitet Petra ihr Pferd vorsichtig nach Bernds Vorgaben. Dann bringt sie Dinky für weitere zwei Monate ins Training zur Auffrischung. In dieser Zeit arbeitet Dinky mit großer Konzentration mit und es ist möglich, sie in einer leichten Versammlung zu reiten. Dinkys Vertrauen ist inzwischen so gefestigt, dass man sie auch richtig fordern kann. Petra lernt in den gemeinsamen Reitstunden, wie sie mit Dinky in Zukunft arbeiten muss, damit auch bei ihr (und nicht nur bei Bernd) alles so harmonisch funktioniert. Heute kann Petra mit ihrer Stute problemlos in der Halle arbeiten oder entspannt ins Gelände reiten. Sie haben beide ihr Vertrauen ineinander wieder gefunden.

Kleiner Exkurs zur Kinesiologie

Das Training von Pferden ist nicht allein die Summe von körperlicher Fitness, handwerklichen Fähigkeiten und irgendwelchen technischen Tricks. Der ganzheitliche Ansatz bei der Bewältigung von Problemen ist Bernd Hackl ein wichtiges Anliegen. Physiotherapie, Bachblütentherapie oder die Kinesiologie sind alternative Behandlungsmethoden, die ganz neue Ansätze zum Verständnis bei Problemen mit Pferden bieten. Die Kinesiologie ist die Lehre von den Bewegungen der Muskeln. Vor etwa 30 Jahren fand George Goodheart, ein amerikanischer Chiropraktiker, heraus, dass es direkte Zusammenhänge zwischen Muskeln, Organen und Akupunkturmeridianen gibt. Die Stärke eines Muskels kann sich durch die Behandlung oder Berührung bestimmter Akupunkturpunkte und anderer Reflexpunkte verändern. Die Grundlage der kinesiologischen Vorgehensweise ist die »Triade der Gesundheit«. Das Dreieck besteht aus der strukturellen Seite mit allem, was zum Bewegungsapparat gehört, den Organen und Gewebestrukturen. Zur biochemischen Seite gehören die Stoffwechselvorgänge, der Hormonhaushalt, das Immunsystem, die Ernährung und die Versorgung mit Vitaminen, Mineralien und Spurenelementen. Die psychische oder mentale Seite beinhaltet emotionale Faktoren der Gegenwart, unverarbeitete Traumata aus der Kindheit und geistig intellektuelle Komponenten. Durch Berücksichtigung aller drei

Dinky

Komponenten wird die Kinesiologie zur ganzheitlichen Diagnose und Therapie.

Jeder Stress verändert den Muskeltonus. Dieser Stress kann sowohl körperliche, psychische oder chemisch-toxische Ursachen haben. Durch die veränderten Muskelreaktionen wird der Muskeltest zu einem idealen Diagnoseinstrument. Bei den verschiedenen Diagnosemethoden der Kinesiologie wird nicht die Kraft, sondern die Energie getestet. Goodheart fand heraus, dass sich der Muskeltonus sofort in Richtung Schwäche oder Hypertonus verändert, wenn der Organismus einem Stressfaktor ausgesetzt wird. Diese Stressoren können sowohl Veränderungen im Bewegungsapparat wie Fehlfunktionen von Muskeln und Gelenken als auch jede andere negative Belastung wie Ernährungsfehler, Allergene oder emotionale Faktoren sein. Andererseits zeigt die Reaktion der Muskulatur auch die erforderliche Therapie, indem durch die Berührung einer Behandlungszone der Muskel wieder mit seinem normalen Tonus reagiert. Eine kinesiologische Therapie im eigentlichen Sinne gibt es nicht. Die angewendeten Therapien setzen sich aus verschiedenen Behandlungsformen zusammen, z. B. Akupressur, Massage der Chapman-Reflexzonen oder Muskelmanipulationen. Aber auch die klassische Homöopathie, der Einsatz von Bach- oder anderen Blütenessenzen oder von speziellen Futterzusätzen kann zu einer kinesiologischen Behandlung gehören.

Gambling Dance macht Karriere

Der Landstrich Connemara im Westen von Irland ist von einzigartiger Schönheit und Wildheit. Die bergige Region wird auf der westlichen Seite vom Atlantik begrenzt und auf der östlichen von zwei großen Seen. Das Leben in Connemara ist karg, unwirtlich und manchmal sogar feindlich für seine Bewohner. Diese Landschaft hat ein Pony hervorgebracht, das seit Urzeiten als Reit- und Arbeitspony genutzt wird. Dieses ursprünglich keltische Pony machte während der Jahrhunderte viele Änderungen durch andere Rassen mit. In den 20er Jahren des vorigen Jahrhunderts entstand die »Connemara Pony Breeders' Society« mit dem Ziel, dieses ausdauernde und intelligente Pony zu retten. Daraufhin wurden Stuten und Hengste gründlich begutachtet und aussortiert. In den folgenden Jahren paarte die Society noch eine begrenzte Anzahl von Vollblut-, Araber- und Irish-Draught-Hengsten mit besonders typvollen Stuten an. Seit 1963 ist das Stutbuch geschlossen und seitdem können nur noch Ponys mit registrierten Vorfahren angenommen werden.

Connemaras sind eher große Ponys, so zwischen 140 bis 148 cm Stockmaß. Mit ihrer Vielseitigkeit bieten sie sich für die ganze Familie und für jede Reitsportdisziplin an. Obwohl die ersten Connemaras bereits in den sechziger Jahren in Deutschland auftauchten, ist ihre Fangemeinde immer noch relativ klein. Connemara-Ponys erleiden oft ein ähnliches Schicksal wie die Tinker. Skrupellose Händler verfrachten sie auf dem Schiffsweg von Irland nach Deutschland und da stehen sie auf irgendwelchen Stationen, bis ein interessierter Käufer vorbeikommt. Auch Gambling Dance, genannt Balou, kam zuerst zu einem Händler und später zu einer jungen Frau. Doch die verlor irgendwann das Interesse an

ihm, und so kam der schwarze Wallach zu Sabrina. Erst als Reitbeteiligung und nach etwa acht Wochen wurde er ihr zum Kauf angeboten. Sabrina und ihre Eltern hatten wenig Erfahrung mit Pferden und erkannten die Probleme erst nach dem Kauf.

Balou war ausgesprochen nervös, schreckhaft und rücksichtslos gegenüber Menschen. Er ließ sich nur widerwillig führen und während der Futterzeit war an Reiten gar nicht zu denken. Außerdem erwies er sich bald als Steiger und Durchgänger. Zu dieser Zeit kamen zwei Westernreiter, die von Bernd Hackl ein Pferd gekauft hatten, auf Balous Hof. Nach einigen klärenden Gesprächen stand fest, dass das Pony zu diesem Bernd

Hackl kommen sollte. Zuerst fährt die Familie ohne ihn zu Bernd und informiert sich über seine Ausbildungsmethoden. Kurz darauf kommt Balou in ein Training, vermutlich das erste in seinem Leben.

Bernd legt zuerst einmal großen Wert auf die Halfterführigkeit eines Pferdes. Wie sich auch bei Balou herausstellt, ist das, wie so oft, der Schlüssel zu einer ganzen Reihe von Problemen. Das Aufzirkeln im Round Pen veranlasst Balou, weicher zu werden und mehr auf den Menschen zu hören. Mit Plastikplanen und anderen »schrecklichen« Dingen versucht Bernd, Balous Schreckhaftigkeit in den Griff zu bekommen. Trotz aller Bemühungen bleibt dieser Punkt lange Zeit ein Problem – bis zu einem Schlüsselerlebnis, aber dazu später. Nachdem Balou sämtliche Stationen der Bodenarbeit mehr oder weniger erfolgreich absolviert hat, kommt die Arbeit unter dem Sattel. Immerhin ist Balou von seinen Besitzern auch schon im Gelände geritten worden.

Doch da erlebt Bernd eine Überraschung: In der Hohen Schule spricht man von einer Courbette, wenn das Pferd sich auf die Hinterbeine erhebt und auf diesen über den Reitplatz hüpft. Doch Bernd hatte im Moment derlei Klassisches nicht im Sinn. Bei der nächstbesten Gelegenheit steigt er ab und versucht vom Boden aus, die Hinterhand unter Kontrolle zu bringen. Dann steigt er wieder auf und – sobald Balou nur im Ansatz eine »verdächtige« Bewegung macht – verschiebt Bernd die Hinterhand, um dem Pferd keinerlei Chance zum Steigen zu geben. Jede fleißige Vorwärtsbewegung wird gelobt, jeder Ausbruch – egal, in welche Richtung – wird mit einem Verschieben der Hinterhand beantwortet. Balou lernt schnell und ist kooperativ, nur seine Schreckhaftigkeit bereitet Kopfzerbrechen.

Daheim ist Balou das Schlusslicht in seinem Herdenverband. Sein mangelndes Selbstbewusstsein scheint auch der Grund für seine Schreckhaftigkeit zu sein. Selbst mit häufigem Aussacken ist er nur schwer unter Kontrolle zu bringen. Bis zu jenem Tag, als der kleine Connemara-Wallach seinen großen Auftritt hat. Bernd arbeitet mit ihm in der Reithalle, als ein anderes Pferd sich trotz Reiter anschickt, alles in dieser Halle niederzuwalzen, was im Wege ist. Balou sieht dieses Pferd auf sich zukommen, weicht trotz Bernds Bemühungen aber nicht, sondern reißt den Kopf hoch und verpasst dem anderen Pferd von oben eine »Kopfnuss«. Die QH-Stute stoppt und bleibt verdutzt stehen. Von diesem Tag an ist Balous Selbstbewusstsein um

ein Vielfaches gestiegen. Jetzt ist für Bernd die Sache klar: Dieses Pony ist im Grunde genommen immer unterfordert gewesen, und er überlegt sich, wie man das ändern kann.

Balou, der ehemalige »Verbrecher«, setzt seine Ausbildung als Ponyhorse fort. Zuerst natürlich die etwas leichteren Sachen wie »Vorder- und Hinterhand verschieben« bei einem anderen Pferd. Als Bernd merkt, wie begeistert der kleine Wallach bei der Sache ist, werden die Aufgaben schwerer. Rückwärtsrichten und Abblocken anderer Pferde – Balou wächst an diesen Aufgaben. Zum Schluss muss Bernd sich überhaupt nicht mehr um sein Arbeitspferd kümmern, Balou erledigt kleinere Dinge ganz alleine, er erkennt seine Chancen im Round Pen. Wenn zum Beispiel das Trainingspferd sich durch Rückwärtsgehen der Aufgabe entziehen will, legt er seinen Kopf auf dessen Hinterteil und, wenn das nichts nützt, wird auch mal herzhaft reingezwickt. Es ist wirklich unglaublich! Später – als Balou längst zu Hause ist – denkt Bernd noch oft an ihn, wenn er schwierige Situationen im Round Pen hat. Denn der QH-Wallach seiner Frau, der heute als Ponyhorse arbeitet, war damals noch zu jung, um allen Aufgaben gerecht werden zu können. Als der Connemara-Wallach dann letztendlich heim soll, muss Bernd der Besitzerin erklären, dass eine Ponyhorse-Ausbildung nicht spurlos an einem Pferd vorbeigeht. Keiner nimmt dies richtig ernst, aber kaum daheim angekommen, stürmt Balou in seine Herde und mischt sie erst mal gründlich auf. Er, der immer das Schlusslicht gewesen ist, avanciert zum Chef. Heute ist Balou ein absolutes Verlasspferd, egal, ob Halle, Platz oder Round Pen sein Arbeitsplatz ist. Nur im Gelände fehlt ihm manchmal noch ein wenig Selbstvertrauen. Aber im Großen und Ganzen ist er ein echter Kumpel der ganzen Familie geworden.

TH Okeechobee, das langweilige Traumpferd

»The ending story of TH Okeechobee« – so wird diese Geschichte von Michaela, der Besitzerin von »Okee«, genannt. Leider war es ihr nicht vergönnt, eine sehr lange Zeit mit diesem Pferd zu verbringen. Aber die kurze Zeit, die sie zusammen hatten, war dafür eine sehr intensive Zeit. Dabei gehörte Okee anfangs gar nicht ihr, sondern ihrem Lebensgefährten. Der hatte sie auch selber gezogen und die kleine Stute wuchs ohne besondere Vorkommnisse in Gesellschaft anderer Fohlen auf dem Hof auf.

Als Zweieinhalbjährige wird sie mit ihren Spielgefährten und dem damaligen Deckhengst zu Bekannten in die Slowakei zur weiteren Aufzucht gefahren. Dort wird sie ein Jahr später »versehentlich« gedeckt und kommt deswegen wieder heim auf den Hof.

Für Michaela ist Okee nach wie vor ein langweiliger, brauner Quarter. Ihr Interesse gilt mehr den farbigen Pferden. Mit ihrem Criollo »Paleface« macht sie ihre ersten Erfahrungen im Westernreiten, ansonsten ist sie das, was man ein ziemliches Greenhorn nennt. Reiten ist für sie in erster Linie »draufsitzen und ab ins Gelände«.

Okee ist mittlerweile vier Jahre alt, spielerisch gewöhnt man sie an Sattel und Trense. Auch bei gelegentlichen Geländeritten zeigt sie Ruhe und Nervenstärke. Dann kommt die Geburt ihres Fohlens, alles unproblematisch. Mutter und Tochter verbringen ihre Tage mit anderen Stuten und Fohlen auf einer gemeinsamen Weide. Okee ist stets ruhig, um nicht zu sagen sehr ruhig – und absolut ausgeglichen. Nachdem das Fohlen abgesetzt worden ist, überlegt man sich den weiteren Werdegang dieser Stute. Zusammen mit einer anderen Stute kommt sie zu einem

Auch Zirkuslektionen machen Okee viel Spaß.

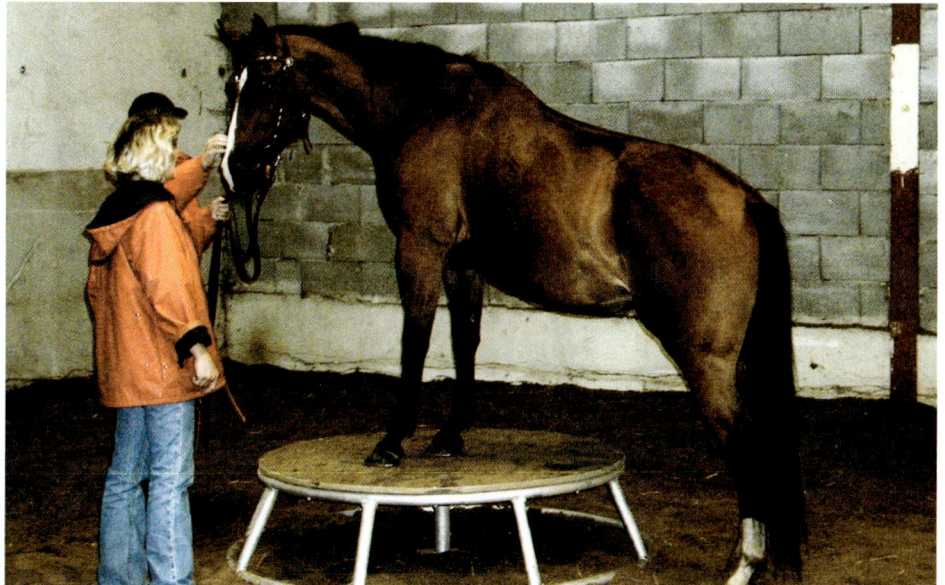

Hobbytrainer, um endlich eine solide Basis aufzubauen und sie dann eventuell zu verkaufen.

Nach etwa zwei Monaten ruft dieser Trainer an, man könne Okee abholen. Sie sei unreitbar, aber als Zuchtstute aufgrund ihrer guten Abstammung sicherlich noch zu verwenden. Zurück kommt ein übernervöses Pferd mit aufgerissenen Augen, bei jeder zu schnellen Bewegung springt sie in die Ecke. Anbinden ist unmöglich, sobald sie Sporen hört, fängt sie zu tänzeln an. An Satteln und Reiten ist nicht zu denken. Jetzt kommt der Zeitpunkt, an dem Michaela sich für Okee interessiert! Sie steht jeden Tag eine Stunde früher auf, um vor der Arbeit mit ihr spazieren zu gehen und sie grasen zu lassen (obwohl alle Pferde dieses Hofes jeden Tag auf Koppel kommen!). Michaela will ihr zeigen, dass ein Mensch einem Pferd auch etwas Gutes tun kann, ohne gleich Arbeit von ihm zu verlangen.

Doch auch bei diesen Spaziergängen bleibt Okee misstrauisch. Schnaubend und zitternd läuft sie am Strick, alles im Auge behaltend, bereit zur Flucht. Später versucht Michaela, ihr einen Sattel aufzulegen. Zuerst ohne Gurt, dann ein paar Versuche mit Gurt – ganz langsam. Michaela wird mutig und longiert Okee. Das müssen Sattel und Pad mit ihrem neuen Glanz bezahlen! Eine Bekannte meint daraufhin nur lapidar: »Geh doch zum Hackl, der ist Profi für verstörte Pferde.« Also nix wie hin, mitsamt Begleitstute natürlich, damit Okee ja nicht alleine im Hänger stehen muss und unnötig gestresst wird.

Die Stute soll von Bernd geritten werden, um sie endlich an einen guten Platz verkaufen zu können. Leider kam sie vom vorherigen Trainer nicht nur als unreitbar zurück, es hieß sogar, sie sei verrückt. Das ist sie ganz bestimmt nicht, sondern sie ist an einen Menschen geraten, der ein völliges Unver-

ständnis für ein sensibles Pferd an den Tag legte. Es gibt sicherlich phlegmatische Pferde, die einen gewissen Druck benötigen, aber Druck ohne Verständnis, ohne einen Hintergrund, verursacht nur Probleme.

Okee ist alles andere als phlegmatisch und so hat sie sich irgendwann gegen diesen Druck gewehrt. Als sie zu Bernd ins Training kommt, ist sie sehr »cinchy«, also sehr empfindlich beim Satteln und beim Gurten. Beim Reiten kennt das Pferd nur zwei Gangarten: langsam und Vollgas! In der Reithalle bewegt Bernd sie am langen Zügel vorwärts. Okee ist sehr schreckhaft. Bernd hebt sich – ausnahmsweise – die Bodenarbeit mit Aussacken, usw. für später auf. Dafür geht Bernd mit dieser Stute oft ins Gelände, im Schritt, ein wenig im Trab, um einfach etwas Ruhe in das Pferd zu bekommen. Okee ist am Anfang sehr verspannt, hat häufig den Kopf oben, die Ohren angelegt – doch mit der Zeit wird es besser. Den Ausritt setzt Bernd mit gymnastizierenden Übungen in der Reithalle fort. Volten, Kontervolten, laterale und vertikale Biegung, alles ist möglich – aber natürlich mit viel Ruhe und wenig Druck. Sämtliche Anforderungen müssen in ganz kleinen Häppchen abgefragt werden. Besonders wichtig ist es auch, das Training immer mit einem positiven Erlebnis zu beenden, Okee viel zu loben, sie zwischendurch grasen zu lassen. Langsam wird das Programm gesteigert. Bernd galoppiert Zirkel in Innen- und Außenstellung, verschiebt die Hinterhand, um das Pferd durchlässiger zu machen. Okee ist sehr gelehrig. Bald kommt sie drauf, wie ein Stopp funktioniert. Es ist wieder ein typisches Beispiel dafür, wie man mit Positivverstärkung ein Pferd fördern kann.

Der Stopp wird perfekter, dann kommt der Rollback und die Idee, ob Okee vielleicht doch ein talentiertes Reining-Pferd (Western-Dressur) ist. Bernd arbeitet an weiteren Reining-Manövern, doch bei den Galoppwechseln gibt es einen kleinen Rückschlag. Vielleicht ist der Druck im Training doch wieder zu viel für das Pferd, auf jeden Fall wird Okee misstrauisch, sie kommt auf der Koppel nicht mehr von alleine, wenn Bernd sie holen will. »Na ja«, denkt Bernd, »dann wird sie halt doch kein Showpferd«, sondern ein tolles Freizeitpferd.« Er baut mehr Trailübungen in das Training ein, Okee macht so freudig mit, dass Bernd sich die Bodenarbeit sparen kann. Als nächstes will Bernd Michaela in das Geschehen miteinbeziehen, doch es kommt zunächst wenig Reaktion. Sie kann auch nicht so recht glauben, dass Okee wirklich ein nettes Pferd geworden ist. Michaela schaut zwar

öfter beim Training vorbei, aber es sind doch zwei Paar Stiefel, ob der Trainer das Pferd reitet oder der Reitschüler. Bernd greift zu einem Trick: Er drückt Michaela das Pferd in die Hand, sagt, er müsse etwas erledigen, sie könne sich doch im Schritt einfach draufsetzen. Das wirkt. Michaela ist verblüfft, wie weich und leicht und angenehm sich diese Stute lenken und regulieren lässt. Für Bernd ist das wirklich Erstaunliche, wie viel dieses Pferd der ungeübten Reiterin verzeihen kann. Aber Michaela ändert auch ihre Einstellung dem Pferd gegenüber und lernt eine Menge dazu. So kommt es, dass beide aufeinander aufpassen, damit keiner verloren geht und nichts Schlimmes passiert.

Ausritt mit Okee im Englischen Garten in München.

Irgendwann, als Okee wieder zu Hause ist, erhält Bernd eine SMS auf seinem Handy: »Vielen Dank für mein neues Pferd. Wir sind im Englischen Garten in München ausreiten. Alle anderen Pferde sind nervös, Okee habe ich einhändig am langen Zügel.« Da ist es passiert – Michaela hat sich in dieses Pferd verknallt. Noch nie hatte sie so ein feinfühliges Pferd geritten. Sie fühlt sich jetzt sehr sicher und wohl auf Okee. Allerdings – jetzt ist Michaela gefordert. Okee ist ein solides, gut ausgebildetes Pferd geworden, das nur bei dem Gedanken an »Whoa« die Hinterfüße untersetzt. Da kann Michaela – O-Ton – »nicht mehr im Stuhlsitz mit Rückenlage und Autolenkerhänden auf dem Pferd hocken«. Aber sie meistert auch diese Anfängerhürden. Okee ist jetzt nicht mehr der braune, langweilige Quarter, sondern das hübscheste und vor allen Dingen das sicherste Pferd, das Michaela reitet. Bernd hat eine solch solide Basis bei diesem Pferd gelegt, dass auch weitere Ausbildungsschritte von Michaela alleine bewältigt werden. Sogar ihre ersten Cutting-Kurse, also Arbeit mit Rindern, kann sie mit Okee starten. Auf dem Reitplatz oder in der Reithalle lässt sie – wie sie es nennt – das Pferd »tanzen«. Es scheint unbegreiflich zu sein, wie toll und versammelt Okee sogar einhändig zu reiten ist, im Vergleich zu der Zeit vor dem Beritt bei Bernd Hackl.

Dann wird TH Okeechobee krank. Sie siecht förmlich dahin, ist einmal gut drauf, dann wieder in einer anderen Welt. Die Tierärzte suchen und infusionieren, stabilisieren und machen Bluttests. Außer einem angeknacksten Wirbel können sie nichts feststellen. Okee fällt jedoch so ein, dass sie kaum noch auf die Koppel zu bringen ist. Als sie nicht mehr reagiert, entschließt sich Michaela, diesem Leiden ein Ende zu setzen. Sie sagt dem Tierarzt, er soll sie auf der Koppel einschläfern. Da hat das Pferd wieder mal einen stabilen Moment, sodass Michaela die Gelegenheit nutzt und Okee in die Klinik fährt.

In der Klinik wird leider auch nichts gefunden. Zuerst bessert sich ihr Zustand, alle hoffen. Dann geht es rapide bergab. Einen Tag vor Michaelas Geburtstag verabschiedet Okee sich von ihr. Sie hält in ihrem nervösen Umherlaufen inne, bleibt stehen, frisst noch einmal das Mash aus Michaelas Hand. Offensichtlich voll da, mit wachen Augen, den Kopf unter Michaelas Arm geschoben, so bleiben beide etwa zehn Minuten stehen. Dann schnaubt Okee kräftig in Michaelas Gesicht und setzt ihren Weg entlang des Koppelzauns fort, ohne Reaktion, stupide wie die Tage zuvor.

Bernd und Sabine Hackl sind gerade auf dem Weg, Okee zu besuchen, den Kofferraum voll mit homöopathischen Mitteln und Leckerlis. Michaela ruft sie an, sie sollen umdrehen, Okee packt es nicht, sie wird in der nächsten Stunde eingeschläfert. Bernd teilt Michaela mit, sie solle heimfahren (sie ist ohnehin schon mit den Nerven am Ende), er und Sabine wollen trotzdem kommen. Okee ist ein Pferd, das beiden sehr am Herzen liegt. Sie wollen dabei sein, wenn Okee ihren letzten Gang macht, schließlich hat Bernd so viel mit ihr erreicht.

Ein Trost ist es allen, nach der Pathologie zu erfahren, dass Okee an einer Gehirnhautentzündung litt, vermutlich hervorgerufen durch einen Zeckenbiss, und unter gar keinen Umständen zu retten gewesen wäre. Michaela ist Bernd und Sabine dankbar, dass sie ihr die schwere Bürde am Schluss abgenommen haben. Durch Okee hat Michaela eine wunderbare Erfahrung gemacht: Gibt man einem Pferd durch eine solide Ausbildung die Chance, sich zu entwickeln, dann kann aus einer langweiligen braunen Stute ein toller Partner werden. Beide hatten viel, viel Freude miteinander, wenn auch leider nur eine kurze Zeit.

Alaa El Din, ein ungeahntes Cutting-Talent

Sicherlich hat der eine oder andere Leser schon darauf gewartet, dass in dieser Geschichtensammlung auch mal ein Araber auftaucht. Selbst Nicht-Pferdeleuten sind diese edlen Pferde ein Begriff. Kaum eine andere Rasse hat den Werdegang anderer Pferderassen so beeinflusst wie der Araber. Sie gelten als besonders menschenbezogen und gelehrig. Dorothea will sich ganz bewusst ein junges, noch nicht gerittenes Pferd kaufen, um es nach ihren Vorstellungen ausbilden zu lassen. Außerdem soll es noch nicht durch zu viele Hände gegangen sein. Alaa ist zweieinhalb Jahre alt, stammt von einem kleinen, privaten Züchter und ist in Offenstallhaltung aufgewachsen. Damit sind alle guten Voraussetzungen geschaffen, wie Dorothea hofft. Alaa El Din ist ein Fuchs mit vier weißen Beinen, und eine alte Beduinenweisheit (oder war es eine Bauernweisheit?) besagt, dass das schwierige Pferde sein können.

Nachdem Alaa drei Jahre alt ist, bringt Dorothea ihn auf eine große Westernreitanlage zum Anreiten. Bis dahin übt sie den ganz normalen Umgang mit ihm. Hier stellt sich bereits heraus, dass er sehr schwierig ist: Er lässt sich nur widerwillig den Kopf streicheln, weicht in die hinterste Ecke seiner Box, wenn man mit dem Halfter kommt. Es wird oft ein regelrechtes Ringelreihen daraus, bis das Halfter an der Stelle ist, wo es hin soll. Dabei geht es doch nur auf die Koppel. Alaa lässt sich nicht anbinden. Er hat einige Stricke, Halfter und Haken auf dem Gewissen, weil er sich in voller Panik reinhängt, bis irgendetwas nachgibt. Er lässt sich nicht ordentlich führen, putzen, usw. Der alltägliche Umgang wird so zu einem Kleinkrieg. Dabei hat er angeblich schon den Longiergurt angehabt, aber so, wie er sich aufführt, ist er halbwild.

Nachdem Alaa vierzehn Tage auf der neuen Reitanlage ist, fängt er an zu husten. Trotz einer Behandlung wird es nicht wesentlich besser, sodass Dorothea beschließt, ihn nach Hause zu holen. Er habe Bekanntschaft mit einem Sattel gemacht und der Trainer sei auch schon draufgesessen (allerdings war er auch schnell wieder unten, wie sich später herausstellte). Doch von einem soliden Anreiten kann nicht die Rede sein. Zu Hause muss ohnehin erst mal der Husten auskuriert werden. Danach hat Dorothea mit Longieren weitergemacht, ohne und mit Sattel. Wenn Alaa gerade mal Lust hat, macht er auch brav mit. Hat er jedoch keine Lust, bockt er, schlägt gezielt nach Personen aus, läuft über alles drüber, was ihm im Weg ist. Er buckelt den Sattel herunter – mit festgezogenem Gurt wohlgemerkt. Dieses Kunststück schafft er auch später bei Bernd. Dann ist er aber auch wieder ganz brav – im ganzen also unberechenbar.

Auf diese Art und Weise verbringen Dorothea und Alaa den Sommer. Dann soll Alaa wieder in ein Reittraining kommen, aber der erste Trainer hat keine Zeit, vermittelt Dorothea jedoch zu Bernd Hackl. Sie erklärt Bernd ihre Situation, ist am Boden zerstört und bittet Bernd, ihr ehrlich zu sagen, falls Alaa ein hoffnungsloser Fall sei. Dann würde sie dieses Pferd womöglich zum Schlachter fahren. Zuerst stellt Bernd fest, dass Alaa große Probleme mit der Halfterführigkeit hat. In diesem Zusammenhang vermutet Bernd ein traumatisches Erlebnis. Eine knotenartige Muskelverdickung an der Hinterhand und am Kopf sowie sein Verhalten beim Aufhalftern und Anbinden lassen einen Unfall oder derartiges vermuten. Alaa bekommt regelrechte Panikanfälle, wenn ihn irgendetwas festhält. Er wird darum auch nie mit einem Knoten angebunden, sondern der Strick wird drei- bis viermal um den Pfosten gewickelt. Das Pferd verspürt beim Rückwärts-ziehen zwar eine Spannung, kann sich gleichzeitig aber auch langsam »ent«-wickeln. Dieses Prozedere wird bei Alaa zigmal – Bernd hat irgendwann aufgehört zu zählen – durchgeführt, bis das Pferd endlich ruhig steht. Dann wird es Zeit, mit der Bodenarbeit anzufangen, und Bernd geht mit Alaa in den Round Pen. Dort erlebt er ein böse Überraschung. Der Araber erblickt eine Plastikplane an der Bande und bekommt eine Panikattacke, wie sie Bernd noch nie bei einem Pferd erlebt hat.

Nachdem Bernd alles weggeräumt hat, was in irgendeiner Weise »schrecklich« sein könnte, beruhigt sich Alaa einigermaßen. Mit der Arbeit im Round Pen versucht Bernd, eine Verbindung zu diesem Pferd aufzubauen, ihn an die neue Situation zu gewöhnen. Doch Alaas Schreckhaftigkeit verwandelt sich zunächst in Aggressivität – er greift Bernd an. Mit dem Rope, das er bei dieser Arbeit immer in der Hand hat, verteidigt sich Bernd. Alaa scheint sich zu beruhigen, kommt ganz zutraulich auf Bernd zu und bleibt etwa eineinhalb Meter vor ihm stehen. Er scheint auf einmal ein ganz normales Pferd zu sein. Doch dann dreht Alaa sich blitzschnell um, schlägt gezielt aus und befördert Bernd in hohem Bogen durch den Round Pen. Reflexartig reißt Bernd beide Arme hoch, um sich irgendwie zu schützen. Eine Schulterverletzung erinnert ihn noch heute daran. Es ist Dezember, die Weihnachtszeit naht, und Dorothea, die Besitzerin von Alaa, schenkt Bernd eine Hunderterpackung entzündungshemmender Traumeel-Tabletten. Humor ist, wenn man trotzdem lacht!

Von diesem Zeitpunkt an ist klar, dass nur größtmögliche Konsequenz zu einem Weg in eine gemeinsame Zukunft führen kann. Wenn Bernd ansonsten beim täglichen Miteinander mit seinen Pferden auch schon mal Kompromisse eingeht, so gibt es für Alaa keinerlei Ausnahmen. Bernd besteht immer auf der korrekten Führposition. Versucht Alaa diesen Abstand eigenmächtig zu verringern, muss er rückwärts laufen. Alaa muss lernen, andere Lebewesen zu respektieren. Irgendwann scheinen die Fronten geklärt zu sein und Bernd sattelt dieses Pferd. Es vergehen nur wenige Minuten, der hintere Sattelgurt ist ebenfalls befestigt, und der Araber zieht sich den Sattel regelrecht wieder aus. Der Sattel steht auf dem Horn mitten im Round Pen – wie es sich gehört –, allerdings mit geschlossenem hinteren und vorderen Bauchgurt!

Beim nächsten Versuch wird der Sattel mit einem Vorderzeug und einer hinteren Konstruktion, bestehend aus einem Führstrick um jedes Hinterbein herum, ergänzt. Das Ganze wird dann noch mal mit Bändern in der Mitte verstärkt, sodass sich einerseits nichts lockern kann, sich andererseits aber auch kein Bein in einem Strick verfangen kann. Was dann allerdings passiert, kann man mit normalen Worten kaum beschreiben. Fünfzehn Minuten lang versucht Alaa, diesen Sattel loszuwerden. Danach galoppiert er ruhig im Round Pen, als wäre nichts gewesen. Bernd kann ihn sogar noch aussacken, offensichtlich sieht Alaa ein, dass es besser ist mitzuarbeiten. Natürlich lobt Bernd ihn ausgiebig und beendet diese Trainingseinheit.

Vorläufig verlässt Bernd sich noch auf seine spezielle Konstruktion, bis er sicher sein kann, dass Alaa den Sattel akzeptiert. Endlich kann Bernd auch sein komplettes Bodenarbeitskonzept mit Alaa durchführen, bis der Tag des ersten Aufsteigens näher rückt. Dass in diesem Fall auch ein erfahrener Trainer wie Bernd Hackl ein ausgesprochen mulmiges Gefühl hat, ist nur zu gut zu verstehen. Doch die konsequente und ausgiebige Bodenarbeit macht sich bezahlt. Bernd be-

Auch im Bosal gut zu reiten – Alaa El Din.

merkt jegliche Gegenbewegung rechtzeitig, bringt mit »One-Rein-Stop«, Vorder- und Hinterhandverschieben sofort alle vier Beine unter Kontrolle, sodass Alaa reitbar wird. Schritt, Trab und Galopp – die so genannten Grundgangarten stellen kein nennenswertes Problem dar. Dass Alaa El Din ein sehr athletisches Pferd ist, hat er schon mehrfach unter Beweis gestellt. Die vertikale Kontrolle wird im Training durch einen Halsverlängerer unterstützt. Rassetypisch ist für den Araber die hohe Aufrichtung, und es wäre ein fataler Fehler zu glauben, irgendjemand könne diese Anlage ins Gegenteil verkehren. Allerdings muss man der Tendenz entgegensteuern, dass das Pferd den Kopf hoch nimmt und damit den Rücken durchdrückt. Beim Halsverlängerer hat das Pferd die Chance, ohne reiterliche Einwirkung eine ihm angenehme Position selbst herauszufinden.

Bei dem Thema »Hilfszäumungen« fällt mir immer der überlieferte Ausspruch eines englischen Ausbilders ein, der sagte: »Jede Hilfszäumung ist wie das Hinweisschild an einer Baustelle. Wenn die Baustelle erledigt ist, gehört das Schild auch wieder weg!« Keine Hilfszäumung sollte eine Dauereinrichtung sein. Sollten meine Bemühungen mit einer Hilfszäumung innerhalb eines gewissen Zeitraumes nicht den gewünschten Erfolg bringen, muss ich die Maßnahme kritisch unter die Lupe nehmen und eventuell nach fachmännischer Hilfe schauen.

Zurück zu Alaa. Bernd ist, was das Reiten angeht, zufrieden. Nur Alaas unberechenbare Schreckhaftigkeit bereitet ihm Kopfzerbrechen. Es kann sein, von Montag bis Mittwoch reitet Bernd ohne Probleme an einer Plastikplane vorbei und am Donnerstag explodiert der Araber und ist noch nicht einmal in die Nähe eines solchen Gegenstandes zu bringen. Alaa muss noch mal in den Round Pen und wird mit Plastikdingen aller

Art ausgesackt, bis er akzeptiert, dass er diesen Errungenschaften einer modernen Welt nicht aus dem Weg gehen kann. In diesem Zusammenhang muss man wieder betonen, dass nur ein geschlossener Round Pen, der solide gebaut ist, und die entsprechende fachmännische Begleitung das Risiko eines Unfalles auf ein Minimum reduzieren können.

Nach drei Monaten Grundtraining geht Alaa zurück nach Hause. Alaa ist zwar reitbar, doch immer noch sehr unzuverlässig. Er ist beim Reiten übernervös und äußerst schreckhaft. Wenn man etwas von ihm fordert, wird er aufmüpfig, wehrt sich dagegen. Im schlimmsten Fall zieht er sich an einer Sache hoch bis zum Buckeln. Ihm ist leider immer noch nicht zu trauen. Zwischendurch macht Dorothea auch einen Reitkurs bei Bernd Hackl. Da verwandelt sich der »Bronco« in ein Lämmchen. Offensichtlich weiß er zu unterscheiden, wo Disziplin angesagt ist und wo nicht. Daheim sind Koppel und die Pferdekumpel – aber eben nicht arbeiten. Den Rest des Jahres haben sich Dorothea und ihr Mann mit Alaa so durchgekämpft – inklusive einiger Stürze.

Im neuen Jahr kommt Alaa weitere vier Wochen zu Bernd – zu einem »verschärften« Training. Bernd reitet zuerst viel mit ihm aus, geht das ganze Programm durch und Alaa macht mit. Also überlegt sich Bernd, was er dem schlauen Tier noch bieten könnte. Daraufhin fällt ihm die Cutting-Maschine ein. An dieser Maschine flitzt eine Stoffkuh von links nach rechts – oder auch umgekehrt. Der Reiter hat an einem Arm die Fernbedienung und kann Richtung und Geschwindigkeit steuern. Kaum ist die Kuh in Aktion, bockt Alaa los. Zehn Minuten lang versucht er, Bernd loszuwerden und aus dieser Stresssituation herauszukommen. Bernd bringt mit »One-Rein-Stop« bzw. Vorder-

und Hinterhandverschieben das Pferd unter Kontrolle. Dann geht das ganze Spiel wieder von vorne los. Nach etwa 25 Minuten schlägt die Angst in Aggressivität um. Alaa wird tief und flach wie ein Cutting-Pferd und versucht, dieses »Rind« an der Bewegung zu hindern. Bernd stellt die Cutting-Maschine aus, steigt ab und lobt Alaa. Nach ein paar Tagen ist Alaa richtig »cowy«, d. h. ganz auf die Kuh fixiert.

Daraus entsteht die Idee, mit dem Araber einmal »People Cutting« auszuprobieren. Nachdem Alaa nicht mehr so aggressiv reagiert, wird nach einem sportlichen Mitmenschen Ausschau gehalten, der die »Kuh« spielen muss. Sabine, Bernds Frau, übernimmt den schweißtreibenden Job und Alaa hat offensichtlichen Spaß an dieser Aufgabe. Der Araber erweist sich ebenfalls als Reining-Talent (Western-Dressur). Nach Absprache mit Dorothea bekommt er einen entsprechenden Beschlag: so genannte Sliding Plates erleichtern einem talentierten Pferd, bei einem Stopp in der Spur zu bleiben und leichter zu rutschen, womit wiederum die Gelenke geschont werden.

Danach geht es richtig bergauf. Es macht allen riesigen Spaß, dieses Pferd zu reiten. Seinen ersten großen Auftritt hat Alaa auf der Arabershow in Kreuth wo er mit »People Cutting« die Zuschauer beeindruckt. In der großen Arena der Ostbayernhalle reiten Bernd und Alaa ihre Vorführung, als ob dieser Araber nie etwas anderes getan hätte. Danach nimmt Dorothea ihren »wilden Bronco« mit heim.

Ab und an führt er sich zwar immer noch auf, aber er bleibt anständig und hat auch keinen Ansatz zum Buckeln mehr gemacht. Dieses Pferd war für die Besitzer eine Herausforderung und wird es auch bleiben. Dorothea und ihr Mann haben diese Herausforderung jedoch angenommen.

Dusty – trotz »Handicap« ein toller Freizeitpartner

Janine reitet seit ihrem neunten Lebensjahr. Irgendwann soll es auch mal das eigene Pferd sein. Nach vier Angeboten, die sie sich anschaut, wird es der Quarter-Horse-Wallach »Hesa Dusty Gent«. Dieses Pferd wird ihr von einem Westerntrainer vermittelt. Mit diesem Kauf beginnt eine lange, emotionsgeladene Zeit.

Gymnastik ist für Dusty auch heute noch Pflicht.

Die ersten Lebensjahre verbrachte Dusty in einem Offenstall und dort hatte sich offensichtlich kaum jemand um das junge Pferd gekümmert. Durch diese Versäumnisse entwickelte Dusty eine Fehlstellung am rechten Vorderbein, die ihn vermehrt auf die Außenkante treten lässt.

Nach dem Kauf vergehen fünf Monate, bis Janine eine Beziehung zu ihrem Pferd aufbauen kann. Sie lehrt ihn geführt zu werden, Hufe heben und die Grundlagen im Umgang von Mensch zu Pferd. Von Bodenarbeit hat sie damals allerdings noch keine Ahnung. Dusty ist zwei Jahre alt, als Janine ihn in den Trainingsstall des Westerntrainers einstellt.

Als Dusty knapp zweieinhalb Jahre alt ist, überredet der Trainer sie, jetzt schon mit dem Anreiten zu beginnen. Bis zu diesem Zeitpunkt hatte sie diesen noch nie schlecht mit einem Pferd umgehen sehen und demzufolge ist ihre Meinung von ihm gut. Sie lässt Dusty also »starten«, wie es im Westernreiter-Jargon gerne heißt. Der schlechteste Start, den man sich vorstellen kann. Bei 30 Grad im Schatten lässt der Trainer Dusty Runde um Runde im Round Pen drehen, bis er nass und müde ist. Dann Sattel drauf und schnell den Gurt angezogen. Dusty entfaltet neue Kräfte und buckelt und grunzt erneut zehn oder elf Runden um diesen Trainer herum.

Deutlich ist die Angst des Pferdes zu erkennen, aber Janine traut sich nicht sich einzumischen. Dann gibt Dusty auf. Der Trainer winkt sie in den Round Pen und überredet Janine, als erste aufzusteigen. Er würde sie schon halten. Janine widerspricht, aber er sagt: »Ich habe schon viele Pferde so gestartet! Komm, das muss so sein!« Also setzt sie sich drauf und es dauert keine zwei Sekunden und sie wird zu Boden katapultiert von zwei mächtigen Bucklern. Janine reißt sich dabei einen Schultermuskel.

Der Trainer lacht nur und verspricht ihr, von nun an allein mit Dusty zu arbeiten. »Mach dir keinen Kopf, den krieg ich schon hin!« Janine hätte sich vielleicht einen Kopf machen sollen. Sie zahlt vier Monate Beritt, ohne den Trainer nur einmal auf ihrem Pferd gesehen zu haben. Es fällt auch leicht, sie für dumm zu verkaufen. Sie wohnt schließlich 70 Kilometer weit weg vom Stall. Wenn sie vorbeikommt, hat er Dusty zufällig immer schon geritten. Wenn sie dann mal einen Termin telefonisch ausmacht, um zu sehen, was Dusty kann, hat Dusty dreimal einen Hufverband und einmal in der Nacht davor Kolik gehabt und deshalb »mal einen Ruhetag«.

Ja, er sieht natürlich auch krank aus. Sein Blick ist trüb, der Futterzustand fraglich, obwohl Janine weiß, wie liebevoll die Pflegerin sich um die Pferde kümmert. Eines Tages nimmt Janine einfach einen Sattel und geht in Dustys Box. Sie hätte es nicht tun sollen, auch wenn dies endlich die Erkenntnis bringt. Er steigt sie an, als sie ihm das Pad zeigen will. Dann steht er wütend und zugleich ängstlich in der Ecke. Tatsächlich schafft sie es, ihn zu satteln. Als der Gurt fest ist, sieht er sie an, als hätte sie ihn vergewaltigt. Sie sattelt wieder ab und beginnt nachzudenken. Janine erzählt dem Trainer von Dustys »Benehmen«. Er meint, Dusty hätte so was noch nie gemacht. Aber sie setzt ihm ein Ultimatum. In der kommenden Woche möchte Janine die Fortschritte ihres Pferdes sehen.

Als sie Mitte der Woche zu Besuch kommt, zieren Spuren von übermäßigem Sporengebrauch den Bauch ihres Lieblings – Hass und Enttäuschung wachsen. Janine erfährt nun, was wirklich passiert ist. In dieser Woche muss der Trainer versucht haben, ihrem Pferd all das beizubringen, was er in vier Monaten versäumt hat. Zur gleichen Zeit begutachtet eine Tierärztin Dustys Lahmheit. Sie macht Janine Vorwürfe, was für einen Krüppel sie da gekauft habe! Unreitbar und total schief gestellt, sie solle ihn gleich auf die Koppel stellen und ihn dort lassen.

Dieses Erlebnis gibt Janine den Rest. Einen Tag später holt sie fast wortlos ihr Pferd. Er trottet widerstandslos in den Hänger, als ob er wüßte, dass es nur besser werden kann. Es kommen viel Arbeit, Frust und schwierige Zeiten auf beide zu. Ihr Pferd steigt sie an, beißt, renkt ihr einmal per Hufschlag sogar den Unterkiefer aus. Janine ist kurz davor ihn zu verkaufen. Dann – eines Morgens – kommt sie in den Stall und er wiehert ihr entgegen. Ein paar Tage vorher hatte sie ein Buch über Bodenarbeit in die Hände bekommen und angefangen, mit Dusty auf dieser Ebene die Frage der Rangfolge zu klären, um ihm das angenehme Gefühl zu geben, sich anlehnen zu dürfen.

Janine fasst – durch Dustys wieder erweckte Freundlichkeit ermutigt – neuen Mut und beginnt per Internet, einen Trainer zu suchen. Sie stößt auf Bernd Hackl und vereinbart telefonisch einen Termin, an dem sie ihn und seine Arbeit kennen lernen möchte. Sie fühlt sich mit ihm auf einer Wellenlänge und seine Arbeit mit den Pferden überzeugt sie. Kurz darauf bringt sie Dusty. Es wird die längste Zeit, die ein Pferd zwecks Beritt bei Bernd verbringt.

Dusty ist sehr »cinchy«, d. h. er hat einen Gurtzwang, zum anderen ist er auch nicht das, was Bernd als halfterführig bezeichnen würde. Das Allerschlimmste jedoch ist, dass Dusty komplett das Vertrauen zu Menschen verloren hat. Bernd sattelt den Wallach und geht mit ihm in den Round Pen, um zu sehen, in welchem Ausbildungsstadium das Pferd sich befindet. Dort offenbart sich auch die ganze Tragweite seiner Fehlstellung. Dusty ist überhaupt nicht in der Lage, seine vier Beine annähernd taktsicher aufzusetzen. Takt kennzeichnet in der Reiterei eine Bewegung in gleichen Einheiten und ist einem gesunden Pferd angeboren. Erst der Mensch kann ein Pferd sprichwörtlich »aus dem Takt bringen«. Gleichzeitig kann sich jeder vorstellen, wie ein körperliches Ungleichgewicht das Lauftier Pferd auch in ein seelisches Ungleichgewicht bringen kann. Die erste Maßnahme war dann, Dusty einem versierten Hufschmied vorzustellen.

Ist ein Pferd erst mal aus dem Fohlenalter heraus, sind Korrekturen nur noch in begrenztem Umfang möglich. Der Huf benötigt etwa ein Jahr, um von oben bis unten nachzuwachsen; darum muss man auch diese Zeit veranschlagen, um einen sichtbaren Erfolg zu erreichen. In der Praxis bedeutet es, dass der Hufschmied in sehr kurzen Abständen kommen muss, um allerkleinste Korrekturen an dem Huf vorzunehmen. Er probiert auch diverse Spezialbeschläge aus, um dem Pferd das korrekte Auffußen zu erleichtern.

Bernd beschließt, Dusty vorerst nicht zu reiten. In dieser Verfassung möchte und kann er das Pferd nicht belasten. Er benutzt Dehn- und Streckübungen aus der Physiotherapie, um das Pferd beweglicher zu machen. In der Bodenarbeit helfen das Rückwärtsrichten, Aufzirkeln, Koordination der Beine, usw. dem Pferd, ein natürliches Gleichgewicht wiederzuerlangen. Aussacken ist ein wichtiges Training, um die Schreckhaftigkeit herunterzusetzen und Vertrauen aufzubauen. Es wird eine lange und intensive Zeit, bis Dusty für eine reiterliche Ausbildung in der ausreichenden körperlichen und seelischen Verfassung ist.

Vor dem Reiten kommt das Aufsitzen – bekanntermaßen. Auch da lässt sich Bernd viel Zeit, um dem Pferd ein Stück Vertrauen wiederzugeben. Er steigt auf – und steigt wieder ab. Das wiederholt er so oft, bis Dusty das

Gefühl hat, es passiert nichts Weltbewegendes. Dusty bekam nie die Zeit, sich an das ungewohnte Stück Metall in seinem Maul zu gewöhnen, deswegen fängt Bernd ebenfalls am Nullpunkt an. Er reitet den Schimmel mit einem Halfter, obwohl er sich nicht sicher ist, ob Dusty nicht zu heftig reagieren wird. Aber um Vertrauen zu bekommen, muss man Vertrauen investieren. Die Rechnung geht auf.

Aufgrund seines Handicaps erfolgt das weitere Training wieder sehr langsam und in kleinen Schritten: lange Phasen im Schritt, kürzere im Trab, viele Übergänge.

An eine Arbeit im Galopp ist noch nicht zu denken. Versuche im Round Pen – ohne Reiter – ergeben nur Kreuz- und Außengalopp und viel Aufregung. Also arbeitet Bernd weiter am Gleichgewicht und der Beweglichkeit. Er reitet Dusty viel über Stangen, die allerdings etwas weiter gelegt sind als nötig. Um die Aufgabe korrekt zu bewältigen, das heißt, keine Stange zu berühren, muss Dusty seine Beine weit ausstrecken. Mit der Zeit bewegt sich der Wallach tatsächlich wie ein »richtiges« Pferd. Auch die Bemühungen des Hufschmieds tragen langsam sichtbare Früchte.

Es wird allmählich Zeit, das Pferd von der Vorderhand auf die Hinterhand zu bringen. Bernd setzt bei der Arbeit im Round Pen bzw. beim Longieren einen Halsverlängerer ein (nicht beim Reiten!). Er möchte, dass das Pferd sich streckt, lange und große Schritte macht und den Kopf nach unten nimmt. Bei entsprechender Aktion der Hinterhand wird der Rücken sich langsam wölben. Als Unterstützung eignen sich Stangen oder Cavalettis. Das Pferd wird zum Strecken der Vorderhand animiert, der Rücken und die Hinterhand müssen mitschwingen. Anfangs ist der Halsverlängerer sehr locker eingestellt. Jedes Pferd braucht eine gewisse Zeit, um sich an diese Hilfszäumung zu gewöh-

nen. Dusty scheint ohnehin schon schlechte Erfahrung mit Zäumungen gemacht zu haben, die ihn in irgendeiner Form fixieren.

Viele kennen diese Form der Gymnastizierung aus der Englisch-Reiterei. Bernd sieht keinen Widerspruch in der Wahl seiner Mittel – western oder englisch. Wichtig ist, dass es funktioniert, dass es das Pferd weiterbringt. Und Dusty macht jetzt enorme Fortschritte. Das Reiten von Volten und Kontervolten (direkte und indirekte Biegung!) macht die Muskulatur der Halswirbelsäule in horizontaler Richtung biegsam. Bei weiterer Gymnastizierung setzt sich die Biegung durch das ganze Pferd fort. Wenn das innere Hinterbein unter den Schwerpunkt tritt, kann es mehr Last aufnehmen.

Nach und nach wird Dustys Schulter spürbar leichter. Bernd reitet Dusty auf einer Volte mit Innenstellung, das innere Bein drückt die Schulter nach außen, das äußere Bein geht hinter den Gurt und schiebt die Hüfte des Pferdes nach innen. Ist das Pferd ausreichend gymnastiziert, ist es sowohl vertikal als auch horizontal gebogen wie eine Banane. Holen Sie sich das Bild eines angaloppierendes Pferd vor ihr geistiges Auge: Mit welchem Bein galoppiert ein Pferd an? Es ist das äußere Hinterbein. Als Bernd mehr Kontrolle über Dustys Hinterhand hat, kann er das Pferd korrekt angaloppieren.

Dusty ist nun das geworden, was man ein »echt cooles« Westernpferd nennt und Janines großer Tag rückt näher. Die vielen Erlebnisse mit Dusty sind nicht spurlos an ihr vorübergegangen. Sie ist ängstlich und verkrampft. Das ist keine gute Voraussetzung, um für ihren Dusty eine Vorbildfunktion zu sein. Dementsprechend fallen die ersten Ritte aus. Dusty lässt sich schlecht lenken, er kippt über die Schulter ab und Bernd ist nicht zufrieden mit dem Ergebnis. Er führt mit Janine eine längeres Gespräch und er-

Endlich wieder Spaß am Reiten!

klärt ihr die Besonderheiten ihres Pferdes. Dusty ist nicht bösartig, er braucht jedoch jemand, der ihn lenkt und führt, ihm die Sicherheit gibt, die das Herdentier Pferd auch beim Menschen sucht. Janine soll aufsteigen und ihr Pferd »reiten« im Sinn von »lenken«. Diese Gardinenpredigt zeigt Wirkung. Janine steigt auf ihr Pferd, und wenn Dusty einen Fehler macht, hilft sie ihm und zeigt ihm den richtigen Weg. Schritt und Trab funktionieren ohne Beanstandung, nur der Galopp ist noch etwas unbeholfen. Aber das wird schon, da ist sich Bernd sicher und schickt die beiden heim.

Janine hat dann weiter an sich und Dusty gearbeitet und auch den Ratschlag von anderen guten Reitern angenommen. In Reiterkreisen trifft man häufig auf die Ansicht, Ausbildungsmethoden ausschließlich und nur von einem bestimmten Trainer anzunehmen. Diese Vorgehensweise endet leicht in einer Sackgasse. Ratschläge und Tipps von anderen – guten – Reitern anzunehmen hilft genauso weiter wie das »über den Tellerrand schauen«. Jede Information, jede Anregung – auch aus anderen Reitweisen-, die weiterhelfen, sind etwas wert. Zum Schluss bleibt noch zu erwähnen, dass Dustys Fehlstellung nur minimal auffällt. Inzwischen arbeiten beide an den ersten Reining-Manövern. Abstammung und Talent sind vorhanden, sodass einem ersten Turnier nichts mehr im Wege steht. Janine ist sich jedoch sicher, dass mehr als jeder Turniererfolg der Sieg über die ganzen Probleme, die nun der Vergangenheit angehören, zählt.

TG Gold – der Schrecken aller Reitlehrer und -plätze

Dieter begann 1999 mit dem Reiten, und da er sich für das Westernreiten interessierte, lag es nahe, sich mit einer entsprechenden Anzahl von Reitstunden auf diese neue Reitweise einzustellen. Auf einer großen Westernreitanlage sah er TG und verliebte sich in sie. TG Gold ist eine schwarze Quarter-Horse-Stute. Sie wurde 1992 in Missouri/ USA geboren und kam von dort 1996 nach Deutschland. TG Gold wurde Dieter als Schulpferd vorgestellt und für Dieter war klar: dieses Pferd oder keines. Leider gestaltete sich der Start sehr schwierig. Immer wieder wurden die Schulstunden auf TG abgesagt wegen Unpässlichkeiten oder Ähnlichem. Dann endlich war es soweit. Dieter ritt die Stute ganz genau nach den Anweisungen des Trainers: Ja nicht am Gebiss anfassen und auf alle Fälle immer die Beine weg! Dieter war halt Anfänger und so nahm das Schicksal seinen Lauf.

TG Gold wurde von Dieter und seiner Frau Susanne gekauft. Kurz darauf verließ der Trainer die Westernreitanlage und Dieter war auf sich alleine gestellt. Er versuchte, sein schwarzes Traumpferd so gut es ging zu reiten, doch schnell offenbarten sich alle Probleme. TG drehte jedes Mal durch, beim Aufnehmen der Zügel ging sie entsetzlich dagegen. Sie verdrehte die Augen, bis nur noch das Weiße zu sehen war. An eine Lenkung war überhaupt nicht zu denken. TG rannte alles über den Haufen, egal, ob Pferd mit Reiter, Menschen oder Gegenstände, und das alles in vollem Galopp. Sie schlug Haken wie ein Hase, schmiss sich gegen die Hallenwand und hatte im Grunde nur ein Ziel: Der Reiter auf ihrem Rücken muss runter. Nach kurzer Zeit waren Dieter und seine TG sehr alleine in der Reithalle. Alle anderen

Reiter verließen fluchtartig den Ort, wenn die beiden erschienen. Genau zu diesem Zeitpunkt lernen Dieter und Susanne Bernd Hackl kennen. Sein Problempferdetraining schien wie maßgeschneidert für TG zu sein. Nach vier Monaten bekamen sie endlich ein reitbares »Traumpferd« zurück. Später haben die zwei herausgefunden, dass sich mehrere Trainer an TG die Zähne ausgebissen hatten. Mit einem sprang die Stute auf dem Außenreitplatz durch die Absperrung, nur eine Hausmauer hielt beide auf. Das Ergebnis: Der Reiter landete im Krankenhaus und das Pferd wurde vom Tierarzt versorgt! Bernd hatte TG das erste Mal schon gesehen, als sie von einem dieser Trainer geritten wurde. Nur wusste er zu diesem Zeitpunkt nicht, dass es sich um einen Berufsreiter handelt. Sein erster Gedanke war: Das schaut ganz nach einem Problempferd aus! Er wusste auch nicht, dass es ein Verkaufspferd war. Viel später erst ergab sich die Gelegenheit zu einem Gespräch mit dem ersten Trainer: Dieser wusste, dass TG kein einfaches Pferd war, durfte sich aber zum damaligen Zeitpunkt aufgrund seines Arbeitsverhältnisses dazu nicht äußern. Gegenüber Susanne und Dieter war er zumindest so fair, Bernd Hackl zu empfehlen. TG's neue Besitzer nahmen daher sofort Kontakt mit ihm auf.

Als die Stute zu Bernd kam, hörten sich die Schilderungen der Besitzer nicht allzu dramatisch an: Also sattelte Bernd die schwarze Stute und versuchte sie zu reiten. Gott sei Dank waren beide im Round Pen, denn kaum dass Bernd die Zügel annahm, verdrehte das Pferd die Augen, so dass nur noch das Weiße zu sehen war und gab Gas.

Damit war klar, dass das Training im Sattel auf später verschoben werden musste. Zuerst arbeitete Bernd an der Halfterführigkeit dieses Pferdes, denn auch da zeigten sich große Defizite. Bereits an der Hand offenbarte sich eine brisante Mischung aus Dominanz, Hektik und Hysterie. In den folgenden Wochen standen die Arbeit mit dem Rope und das Aussacken auf dem Stundenplan. TG Gold musste Geduld lernen, um endlich nicht mehr für sich und andere ein Sicherheitsrisiko darzustellen. Sie lernte abzuwarten und nicht immer gleich loszurennen, wenn ihr etwas nicht passte.

Dann kam der Tag, an dem Bernd das Pferd sattelte, um von oben aus die nächsten Übungen (wie »One-Rein-Stop«, usw.) zu beginnen. Doch er erlebte eine Überraschung. Das Pferd machte sich komplett steif, offensichtlich kannte es die Übung. Egal, wie er die Zügel koordinierte, TG Gold reagierte sofort, allerdings negativ. Also musste man wieder ein paar Schritte zurückgehen. Bernd ließ beim nächsten Versuch das Gebiss weg und stellte wieder um auf Halfter und Führstrick. So gingen die zwei in den Round Pen. Bernd wickelte den Strick ums Horn, setzte sich drauf, legte nur ganz leicht die Schenkel an, damit TG wusste, sie hat etwas Lebendiges drauf – und ab ging es. TG Gold rannte um ihr Leben. Bernd ließ die Stute gewähren. Nach drei Tagen war ein kleiner Fortschritt zu bemerken. Bernd nahm sich viel Zeit, er streichelte das Pferd ausgiebig, gab ihr oft Gelegenheit, die neuen Eindrücke in Ruhe

zu verarbeiten. Endlich wurde TG langsamer, die Stute fasste Vertrauen. Nun ging es an die Lenkung. Das lehnte die Stute komplett ab. Geradeaus laufen – ja – so schnell wie möglich, aber links oder rechts – nein, wirklich nicht! Entgegen seiner sonstigen Überzeugung beschloss Bernd, die Stute auszubinden. Er nahm ein Halfter und band den Führstrick am D-Ring (hinterer Befestigungsring) des Sattels fest. TG Gold geriet abermals in Panik, weil sie sich in die Enge getrieben fühlte und eingezwängt war. Daraufhin beschloss Bernd, sich mit einigen seiner Lehrer aus den USA in Verbindung zu setzen, um diesen speziellen Fall zu besprechen.

Nach einigen Telefonaten mit Roy Sharpe, Steve Holloway und Charlie Smith einigte man sich auf einen Kompromiss. Bernd zog den Strick zwar durch den D-Ring, band ihn aber nicht fest. TG wehrte sich zwar wieder gegen die ungewohnte Biegung, stellte aber schnell fest, dass der Zügel/Strick nachgab und sie nicht einengte. Es ist kein Reiter drauf, es ist kein fester Zügel, gegen den sie kämpfen muss. Es hängt nur etwas an der Seite, das lästig ist, aber daran kann man sich gewöhnen. Wichtig war, dass die Stute merkte, sie muss sich nicht wehren. Viele Leute hatten eben schon mit dieser Stute gerungen, und Bernd war jetzt klar, dass auch er den Kampf gesucht hatte, was sich aber als Fehler erwiesen hatte.

Es gibt Pferde, die Druck benötigen, um weiterzukommen. Bei dieser Stute war das der falsche Weg. Nachdem TG im Hals etwas weicher geworden war, konnte Bernd sie auch vom Sattel aus biegen. Wobei man sich das so vorstellen muss, dass die Zügel nur grammweise aufgenommen wurden, um TG zum Nachgeben zu veranlassen. Dann versuchte Bernd wieder einen »One-Rein-Stop« in das Training mit einzubauen. Zu seiner Überraschung funktionierte das ohne Probleme, ebenso Vorder- und Hinterhandkontrolle. TG Gold erwies sich bald als sehr lern- und arbeitsfreudiges Pferd. Sie hatte wohl vorher nie die Gelegenheit dazu bekommen. Es war immer nur Druck aufgebaut worden, den sie nicht verstand und nicht verarbeiten konnte.

Nun war endlich an ein Reittraining zu denken. Die notwendige Gymnastizierung wie laterale und vertikale Biegung veranlassen ein Pferd, stärker von hinten unter den Schwerpunkt zu treten und mehr Muskulatur im Rücken aufzubauen. Eines Tages kam Besuch: es war der Trainer, den TG ins Krankenhaus befördert hatte. Der erkannte TG Gold und nahm Bernd zur Seite, um ihm mitzuteilen, er solle auf keinen Fall dieses Pferd reiten. Bernd eröffnete ihm, dass er die Stute schon mehrfach geritten habe. Auch die detaillierte Schilderung des zurückliegenden Unfalls hielt Bernd nicht davon ab, TG zu satteln und sie vorzureiten. Der Trainer konnte es nicht fassen. Für ihn war das Pferd nicht reitbar, schlimmer noch, er hielt es für komplett verrückt.

Die Umstellung von Halfter und Führstrick auf eine Trense mit Gebiss vollzog sich in kleinstmöglichen Schritten. Zuerst verwendete Bernd eine Trense ohne Zügel und ritt TG weiterhin mit dem Führstrick. Es war der Stute schon anzumerken, dass sie das Gebiss an alte Gewohnheiten erinnerte. Dann benutzte Bernd ein Bosal über der Trense, um sie weiter gymnastizieren zu können. Überhaupt schienen ihr die Gymnastizierungsübungen sehr gut zu gefallen, und mit der Zeit gewöhnte sie sich auch an das Gebiss. Als diese Phase zu Ende war, konnte Bernd TG überall reiten, sei es im Round Pen, in der Reithalle oder auch draußen.

Dann kam der Tag, an dem Dieter sein »Traumpferd« reiten sollte. Bernd war verblüfft. Wie konnte man jemandem, der reiterlich noch so am Anfang steht wie Dieter, solch ein schwieriges Pferd verkaufen? Schritt und Trab gingen noch einigermaßen, beim Galopp kam es jedoch zum ersten Zwischenfall. Dieter hielt sich an den Zügeln fest, was TG zum Steigen veranlasste.

Bernd beschloss, intensiv mit Dieter zu arbeiten. Bei den folgenden Reitstunden, die allerdings auf einem anderen Pferd stattfanden, wurde zuerst an Dieters Sitz gefeilt. Ein ruhiger Sitz, der das Pferd nicht in den Bewegungen stört, ist die Voraussetzung für jeden reiterlichen Fortschritt. Dann konnte Dieter wieder seine TG reiten. Das war übrigens auch dieselbe Zeit, in der Balou, der Connemara-Wallach, bei Bernd im Training war. Balou (»Gambling Dance«) war gerade auf dem Weg, ein gutes Ponyhorse zu werden, als er sich in der Reithalle TG in den Weg stellte und ihr eine Kopfnuss verpasste. Das steigerte sein Selbstbewusstsein um ein Vielfaches und TG ließ sich von dem kleinen Wallach aus gut kontrollieren.

Nach vier Monaten war es dann soweit: TG Gold wurde von Susanne und Dieter heimgeholt. Für beide war klar, dass ohne regelmäßigen Reitunterricht die ganze Mühe umsonst gewesen wäre. Glücklicherweise wohnen sie in der Nähe von Bernd Hackl und nutzen jede Gelegenheit zu einem Training. Dieter reitet heute mit seinem »Traumpferd« aus, als wäre nie etwas gewesen. Der mittlerweile dreijährige Sohn der beiden sitzt auf der schwarzen Stute und sie geht mit ihm so vorsichtig, als stünde sie auf Glatteis.

Telex lernt wieder Vertrauen

Diese Geschichte ist ein trauriger Höhepunkt, daher hier die Originalversion der Besitzerin:

»Telex ist ein 16-jähriger brauner Wallach mit einem Stockmaß von 1,64 m und ohne Papiere. Kennen gelernt habe ich ihn im März 1995 in einem erbärmlichem Zustand. Das Pferd ließ niemanden an sich heran und hatte vor Menschen eine riesige Panik. Als ich ihn das erste Mal gesehen habe, stand er in seiner Box ganz hinten im Eck, ein einziges Elend, komplett abgemagert, abgestumpftes Fell, Hufe, die sich schon wölbten, total apathisch. Als er uns jedoch entdeckte, zitterte er am ganzen Körper und versuchte man, sich ihm zu nähern, ging er auf einen los und schlug und biss wie ein Verrückter um sich. Ich erfuhr noch am selben Tag, dass das Pferd gerade vom Schlachter gerettet worden war, von einem Passanten, der jedoch mit Pferden absolut nichts am Hut hatte. Und jetzt wurde jemand gesucht, der sich des Pferdes annahm. Ich bezweifelte sehr, ob man in ferner Zukunft überhaupt noch normal mit dem Pferd umgehen können würde, besser gesagt, das Pferd mit dem Menschen, aber ich wollte es versuchen. Es war gut erkennbar, dass Telex in einem engen Raum total panisch reagierte. Aus diesem Grund bekam Telex eine Außenbox mit eigener angrenzender Koppel, sodass er rein und raus konnte, wie er es wollte. So hatte er auch nicht mehr das Gefühl, eingesperrt zu sein. Mein nächster Schritt war, die Vorgeschichte von Telex herauszufinden, damit man sich zumindest ein wenig auf die Situation des Pferdes einstellen konnte. Ich war erstaunt, wie viel ich doch noch herausfinden konnte, allerdings musste ich mich auf die Richtigkeit der Erzählungen verlassen, da ich keine anderen Anhaltspunkte hatte.

Die Vorgeschichte: Schätzungsweise 1994 wurde Telex mit einem Massentransport von Frankreich nach Deutschland gebracht. Er soll bei einigen Pferdehändlern gewesen sein, bis er dann als »braves Freizeitpferd« an eine Familie verkauft wurde. Jedoch kannte Telex zu diesem Zeitpunkt weder Sattel noch Reiter, da er in Frankreich ein Trabrennpferd war.

Telex wurde nach knapp zwei Wochen wieder weiterverkauft, weil die aktuellen Besitzer mit dem Pferd nicht zurecht kamen, allerdings wieder als »braves Freizeitpferd«. Der neue Interessent war ein älteres Ehepaar, das für gemeinsame Ausritte am Wochenende ein sehr zuverlässiges und braves Freizeitpferd suchte. Schon beim Verladen zeigte sich Telex als äußerst nervöses und unruhiges Pferd und ließ sich kaum in den Pferdeanhänger überreden. Schon hier ereignete sich der erste Unfall. Beim Verladen des Pferdes wurde die Stange, die das vorzeitige Aussteigen des Pferdes verhindert, nicht befestigt, Telex trat zurück auf die Laderampe und begrub die Vorbesitzerin unter sich. Sie trug etliche Knochenbrüche und ein zertrümmertes Becken davon. Trotz dieses Zwischenfalls wollte die zukünftige Besitzerin Telex behalten und er wurde zu ihr gefahren. Mir wurde berichtet, dass schon der erste Versuch eines Ausrittes fatale Folgen hatte. Telex setzte die neue Besitzerin noch im Hof ab und durch den Sturz zog sie sich so schwere Verletzungen zu, dass die Frau querschnittsgelähmt war.

Ihr Mann, der das Geschehene nicht verarbeiten bzw. begreifen konnte, gab Telex nicht weg, sondern sperrte ihn in einen alten Schuppen mit kaum Tageslicht. Wie lange er dort bleiben musste, ist nur ein Schätzwert, der damalige Tierarzt meinte ein gutes halbes Jahr. Wie das Pferd unter solchen Bedingungen überleben konnte und wer ihn ab

Telex genießt sein Leben.

und zu mal versorgt hat, ist eigentlich allen ein Rätsel. Telex wurde von einer neu zugezogenen Familie entdeckt, von Kindern, die etwas »Lebendes« in dem Schuppen vermuteten. Es war auch die Familie, die den Tierschutzverein und die Polizei gerufen hat.

Telex musste von der Feuerwehr oben aus dem Dach mit einem Kran geborgen werden, da sich die Türe des Schuppens vor lauter Mist nicht mehr öffnen ließ, bzw. das Pferd nicht mehr durch die Tür passte. Es muss furchtbar gewesen sein. Weiterhin zeigte das Pferd alte und neue Verletzungen, vorwiegend im Kopfbereich. Mir wurde berichtet, dass sich der Ehemann nicht mit dem Unfall abfinden konnte, er verfiel dem Alkohol. Regelmäßig ließ er seine grenzenlose Wut an dem Pferd mit Schlägen aus, da das Tier ja für diesen Unfall verantwortlich war.

Von dort aus kam Telex ohne Umwege direkt zum Schlachter und wurde von einem Passanten aus Mitleid gekauft. Warum dieses Pferd überhaupt noch mal weiterverkauft werden konnte, ist mir ein Rätsel. Weitervermittelt kam Telex dann zu meiner Bekannten in den Stall, wo ich ihn dann auch das erste Mal sah. Telex ist mir und meiner Familie gleich ans Herz gewachsen, auch wenn er uns fast gut ein Jahr überhaupt nicht beachtete. Er stand den ganzen Tag auf seiner Koppel, nur nachts holte er sich sein Kraftfutter aus der Futterkrippe in seiner Box, die er sonst komplett mied. Ich beschäftigte mich täglich mit ihm. Oft saß ich einfach nur bei ihm auf der Koppel oder ich erzählte ihm irgendeine Geschichte. Ich erhoffte mir davon, dass er mich irgendwann mal akzeptieren bzw. sich zumindest mal anfassen lassen würde. Telex brauchte knapp über ein Jahr, von dem Tage an gerechnet, als er zu uns kam, bis er sich zum ersten Mal freiwillig von mir streicheln ließ. Als diese Hürde überwunden war, gab er mir nach und nach das Gefühl von grenzenlosem Vertrauen. Ab diesem Zeitpunkt konnte ich »fast normal« mit ihm umgehen. Er ließ sich brav das Halfter anziehen, führen, putzen, spazieren führen, etc. Er folgte mir bei Tage in seine Box, fraß seine drei Mahlzeiten am Tag und nicht wie vorher irgendwann in der Nacht. Er akzeptierte es sogar, nachts eingesperrt zu sein. Große Probleme hatte ich nach wie vor, wenn sich ein männliches Wesen Telex näherte. Er spürte das schon von weitem und wurde furchtbar nervös und unruhig. Er ging nach wie vor mit weit aufgerissenem Maul auf Männer los, er biss und schlug allerdings nur, wenn ich nicht dabei war. Dieses Problem nahm mein Vater in die Hand. Er fuhr jeden Tag nach der Arbeit bei Telex vorbei, selbst wenn es nur mal fünf Minuten waren. Er blieb sicher hinter dem Zaun, brachte ihm täglich eine Karotte mit, egal ob Telex sie nahm oder nicht, und redete mit ihm.

Mein Vater konnte ihn mittlerweile, wenn ich dabei war, streicheln. Alleine ließ sich Telex das erste Mal nach etwa einem halben Jahr von ihm anfassen. Ungefähr zum gleichen Zeitpunkt begann ich, Telex anzureiten. Er war ein sehr williges und lernbegieriges Pferd und somit gelang es mir, ihn auch ohne vorhandenen Reitplatz einzureiten und ich hatte viel Freude mit ihm. Bis zu diesem Zeitpunkt gehörte Telex noch diesem Passanten, der sich mittlerweile auch mit der Reiterei angefreundet hatte, sich jedoch nicht vorstellen konnte, Telex als Reitpferd zu nutzen, da er vor ihm doch zu viel Respekt hatte.

1997 bekam ich von dem Passanten Telex als Anerkennung dafür, was ich bisher mit diesem Pferd erreicht hatte, zu meinem Geburtstag geschenkt. Telex erwies sich als sehr zuverlässiges Pferd, jedoch musste man mit seinen »Eigenheiten« leben. Mit den Eigenheiten meine ich, dass er äußerst schreckhaft war, sehr sensibel und mit Samthandschuhen angefasst werden musste. Man durfte in seiner Gegenwart nicht laut reden, geschweige denn schimpfen oder brüllen. Das bezog er sofort auf sich und wurde total unsicher. Beim Reiten zeigte er, dass er Angst vor dem Schenkel hatte. Legte man diesen an, so neigte er dazu loszurennen, um diesem Druck zu entkommen. Auch im Gelände, beim Ausreiten, war er ein absoluter »Durchgänger«, er war nicht zu bremsen, schon gar nicht in einer Gruppe, da wurde es nur noch schlimmer. Er reagierte auch unheimlich empfindlich auf die Hand. Er gab grundsätzlich nicht nach und nahm immer den Kopf nach oben. Teilweise schlug er ununterbrochen mit dem Kopf. Tierärztliche Untersuchungen zeigten aber, dass es nicht an einem medizinischen Problem lag, ich jedoch konnte es nicht alleine lösen.

Im Frühjahr 1998 zog sich Telex eine schwere Entzündung im Sprunggelenk zu. Bis die Ursache jedoch erkannt und richtig behandelt wurde und bis Telex wieder richtig einsatzbereit war, vergingen wieder anderthalb Jahre! Diese Zeit war sehr schwer für Telex, da er sich ständig Untersuchungen unterziehen musste und ständig fremde Menschen an ihm »rumtatschten«. Zu Anfang versuchten sich vier verschiedene Tierärzte, jeder erzählte mir etwas anderes und keiner konnte wirklich helfen. Einer riet mir sogar, das Pferd endlich von seinen Schmerzen zu erlösen und es einschläfern zu lassen. Da mir aber keiner so genau sagen konnte, was mein Pferd eigentlich hatte, suchte ich auch Rat bei einem Osteopathen. Dieser hatte einen guten Namen und sehr viel Erfahrung. Das war ein Anfang. Zuerst einmal half er Telex, indem er ihn einrenkte und mir verschiedene Übungen zeigte, wie ich Telex helfen konnte, sich zu entspannen. Weiter tippte er auf eine Entzündung im Sprunggelenk und schickte uns in die Tierklinik nach Baden-Baden, die auf den Bewegungsapparat bei Pferden spezialisiert ist. Dort wurde festgestellt, dass Telex tatsächlich eine Entzündung im Sprunggelenk hatte, jedoch war es notwendig, eine Szintigraphie bei ihm durchzuführen. Diese Behandlung wurde nur in einer Spezialklinik im Hochschwarzwald durchgeführt. Letztendlich habe ich alles Notwendige mit Telex durchgezogen und nach zweieinhalbwöchigem Klinikaufenthalt durfte ich ihn wieder mit nach Hause nehmen, er war wieder gesund.

Die Aufenthalte in den Kliniken, die ständigen Transporte und die Zeiten, in denen ich nicht bei ihm sein konnte, zeigten deutliche Spuren. Die Tierärzte und Pfleger erzählten mir, dass sie Telex zu jeder Untersuchung grundsätzlich sedieren (ruhig stellen) mussten, da er niemanden an sich herangelassen habe. Telex ließ sich seit dem Zeitpunkt fast nicht mehr verladen. Er gab seit diesem Zeitpunkt auch den hinteren rechten Huf nicht mehr, nichts zu machen. Ich war machtlos.

Im Oktober 1999 beschloss ich meinen Job aufzugeben und ganz meinem Hobby, den Pferden, nachzugehen. Ich hatte das riesige Glück, auf eine Reitanlage zu stoßen, in der Bernd Hackl Trainer für Jungpferde war. Gleichzeitig nahm er sich der Korrektur von Problempferden an. Genau das, was ich eigentlich gesucht hatte. Ich hatte für drei Monate einen Vertrag als Praktikantin von dem Anlagenbesitzer erhalten. Meistens bewegte ich Telex in der Mittagspause, da zu diesem Zeitpunkt wenig auf der Anlage los war. Als Bernd uns das erste Mal in der Halle

gesehen hatte, erkannte er natürlich sofort unsere gemeinsamen Probleme. Ohne zu zögern sprach er mich an und gab mir gleich ein paar Tipps, wie ich es besser machen könnte. Er erklärte mir, dass wir bisher noch keinen gemeinsamen Weg gefunden hätten und was er persönlich anders, bzw. besser machen würde. Angefangen beim Gebiss, das Telex nicht gefiel, daher auch sein ständiges Kopfschlagen, über die Hilfengebung, usw. Ich war absolut geplättet, dass jemand, der uns vielleicht zwei Minuten gesehen hatte, schon so viel erkannt hatte. Ab diesem Zeitpunkt half mir Bernd, mit Telex zu arbeiten. Was mich an Bernd sofort fasziniert hatte, war, dass bei ihm das Pferd absolut im Vordergrund stand und dass er die Pferde genau verstand! Man muss anfangen, an den Besitzern zu arbeiten, weniger an den Pferden. Ihnen helfen zu verstehen, was in einem Pferd vorgeht! Mein Schlüsselerlebnis mit Bernd war eigentlich die allererste Begegnung zwischen ihm und Telex. Bernd wollte von mir die Vorgeschichte von Telex wissen, die ich ihm auch so genau wie möglich erzählte. Unter anderem wusste Bernd auch, dass Telex wahnsinnige Probleme mit Männern hatte. Bernd ging auf Telex zu, sprach ganz ruhig mit ihm, streichelte ihm über die Nase und nahm mir den Strick aus der Hand. Er ging mit Telex in die Reithalle, legte ihm den Strick über den Hals und ließ ihn einfach stehen. Er lief um ihn herum, berührte ihn überall und streichelte ihn immer wieder ausgiebig. Ich glaubte meinen Augen nicht zu trauen! Mein Pferd, das auf alle Männer beißend losging, folgte Bernd in die Halle, ließ sich überall von ihm berühren und war die Ruhe in Person. Ganz unfassbar war für mich, dass Bernd um mein Pferd herumlaufen konnte, ohne dass Telex sich einen Schritt bewegte und zu guter Letzt seinen rechten hinteren Huf hochnahm, den

Telex schon seit über einem Jahr nicht mehr gegeben hatte! Er wackelte nicht mal mit den Ohren, er gab ihn brav, als wenn er nie etwas anderes getan hätte. Wenn ich das nicht selber gesehen hätte, ich hätte es nicht glauben können. Ich hatte vor Staunen und natürlich Begeisterung Tränen in den Augen. Bernd streichelte Telex über den Hals, gab ihn mir zurück und sagte zu mir: »Räum ihn auf, das hat er gut gemacht und morgen machen wir weiter.« Ich war einfach nur sprachlos. Ab diesem Zeitpunkt nahm sich Bernd sehr viel Zeit für Telex. Er arbeitete täglich mit ihm unterm Sattel und mit Bodenarbeit. Auch hatte ich das Glück, unter Aufsicht von Bernd sehr viel zu lernen und das Gelernte gleich wieder am Pferd umzusetzen.

Leider war ich nur zwei Monate dort. Als ich mit Telex nach Hause fuhr, machte Bernd abschließend noch ein Verladetraining. Aufgrund dieses Trainings, das nur einmal erfolgte, steigt Telex noch heute gerne und ohne Probleme in den Anhänger. Was Bernd in diesen zwei Monaten mit meinem Pferd erreicht hat, ist eigentlich gar nicht in Worte zu fassen, wenn man das nicht selber erlebt hat. Es ist einfach unglaublich. Telex ist heute ein äußerst ausgeglichenes und ruhiges Pferd. Bin ich mit Telex in einer Gruppe im Gelände unterwegs, kann man sich 100 Prozent auf ihn verlassen. Selbst wenn alle Pferde erschrecken und flüchten oder hopsen, ist er die Ruhe selbst und überträgt das auch auf die anderen Pferde. Telex ist heute im Umgang, auch mit anderen Menschen, ob männlich oder weiblich, total unkompliziert. Wohl ist er bei fremden Männern ein bisschen zurückhaltend, aber in keiner Weise mehr aggressiv. Telex eignet sich mittlerweile auch hervorragend zum Umgang mit Kindern oder Jungpferden. Der zehnjährige Sohn meines Freundes reitet mit Telex alleine auf dem Platz oder kann mit mir im

Schritt ins Gelände reiten, obwohl er absoluter Anfänger ist. Regelmäßig haben Telex und ich abwechselnd zwei Junghengste im Gelände dabei, also kurz gesagt, Telex ist ein absolutes Verlasspferd geworden, und das nur durch die Arbeit von Bernd. Ich weiß bis heute nicht, wie ich Bernd für all das danken kann. Aber eines weiß ich ohne Zweifel und ganz gewiss, ein anderer hätte das nicht geschafft.«

Bernds Erfahrungen mit Telex
»Das erste, was mir am Telex auffiel, waren seine Augen. Als er damals kam und aus dem Hänger stieg, hatte er ganz hektische Augen, überhaupt hatte er einen sehr gehetzten Gesichtsausdruck. Er hatte viele Falten über und unter den Augen. Als ich dann beide – Telex und Gaby – in der Halle sah, fiel mir sofort auf, dass beide in ganz verschiedenen Welten lebten. Da gab es einmal die Gaby-Welt und einmal die Telex-Welt. Und beide haben versucht, keinerlei Konfrontationen aufkommen zu lassen. Bei Gaby sicherlich unbewusst, bei Telex bewusst, denn er wollte Gaby aus dem Weg gehen. Gaby hat ihn zwar gefüttert und gut behandelt, aber Telex fand trotzdem keinen Zugang zu ihr. Jeder war in seiner Welt, und man hat sich notgedrungen mal getroffen.

Mir war es einerseits nicht so Recht, Gaby auf diese Dinge anzusprechen. Es ist etwas anderes, wenn mich Personen um Hilfe bitten und fragen, aber mit Gaby hatte ich zu dieser Zeit im Grunde nichts zu tun. Außerdem reagieren viele Leute eher sauer, wenn man sie auf solche Probleme anspricht. Ich habe trotzdem, entgegen meiner sonstigen Überzeugung, Gaby angesprochen, da schon beim Führen vieles nicht so war, wie es sein sollte. Gaby war dann auch sehr dankbar, dass jemand diese Dinge sah und ihr helfen wollte.

Zuerst habe ich ihr erklärt, was ich über ihr Pferd denke, wie sein Verhalten auf mich wirkt. Gaby hat mir dann die Geschichte ihres Pferdes erzählt. Darauf haben wir als erstes am Führen gearbeitet. Telex überholte Gaby häufig und zog sie dann hinter sich her. Gaby war sehr offen und im Gespräch haben wir die verschiedenen Probleme erörtert, die sie mit Telex hatte. Unter anderem haben wir uns auch über das Gebiss unterhalten. Sie hatte für Telex eine dreiteilige Wassertrense gewählt, welche jedoch viel Unruhe ins Pferdemaul bringen kann. Daher auch sein nervöses Kopfschütteln. Sie hat ihr Pferd viel festgehalten, er hat sich auf das Gebiss gelegt, ihre Hilfen kamen unlogisch, oft überraschend für das Pferd. Es war einfach kein Teamwork.

Es war nicht schön, den beiden zuzuschauen. Ich habe Gaby erst mal erklärt, dass der Besitzer immer nur das Beste für sein Pferd will – leider. Denn so vermeidet er alle Dinge, die einem Pferd die Normalität zurückbringen würde. Im Miteinander gibt es Situationen, wo man entweder mal etwas mehr Druck machen oder einfach erst mal ein paar Minuten abwarten sollte. Stattdessen geht der Reiter jedweder Konfrontation aus dem Weg, aus Angst, es könnte ja irgendetwas passieren.

Telex hat häufig nicht verstanden, was die Menschen eigentlich von ihm wollen. Gaby war oft zu zaghaft, um ihr Pferd zu fordern, einer Hilfe mehr Nachdruck zu verleihen. »Timing« und »Feeling« haben nicht gestimmt. Wie wir aus der Vorgeschichte wissen, ist Telex sehr oft von Menschen enttäuscht worden, er hat wirklich nichts Gutes erfahren. Trotzdem muss auch ein Pferd wie Telex lernen, dass der Mensch über ihm steht. Es darf ihn nicht einfach angreifen, so wie Telex dies schon ein paar Mal gemacht hatte. Telex muss jetzt lernen, dass der Mensch auch Partner sein kann, gewissermaßen ein Kollege, und das geht nur mit klaren Regeln.

Ich bin dann Telex gegenübergestanden, habe den Führstrick in die Hand genommen und ihn gefragt, ob ich ihn anfassen darf. Das habe ich ihm nicht mit säuselnder Stimme ins Ohr geflüstert, sondern ich habe die Hand gehoben, habe sie langsam Richtung Kopf bewegt, und Telex hat den Kopf zur Seite genommen. Daraufhin habe ich meine Hand gesenkt und signalisiert: »Wenn du nicht angefasst werden willst, ist das in Ordnung.« Diese »Frage« habe ich dann dreimal wiederholt, und beim dritten Versuch hat er sich von mir anfassen lassen. Telex hat sogar die Ohren nach vorne genommen. Er war so verblüfft, dass ein Mensch ihn nicht einfach ins Gesicht fasst, sondern ihn zuerst fragt: »Darf ich dich anfassen?« Und dass ich seine Antwort respektiert habe, und ihm nichts aufzwingen wollte. Ich habe ihn dann gestreichelt, bin vom Kopf Richtung Widerrist gegangen und habe ihn so gewissermaßen ausgesackt. Dann habe ich den Führstrick losgelassen und über den Hals gelegt. Er sollte sehen, dass ich ihm vertraue. In der Regel wird das auch so verstanden und ein Pferd antwortet mit seinem Vertrauen. An dieser Stelle muss ich aber warnen, es funktioniert nicht immer!

Bei Telex hat es sehr gut funktioniert. Dieses gegenseitige Vertrauen hat dazu geführt, dass Telex mir in der Reithalle nachgelaufen ist. Ich habe ihn auch immer wieder ausgiebig gelobt und gezeigt, dass er seinen Job gut macht. Da Gaby mir gesagt hatte, dass er seinen Hinterhuf nicht geben wolle, habe ich jetzt dort angefragt. Ich habe ihn also wieder nicht überfallen, sondern habe angefragt, ob er mir diesen Huf geben will. Ich habe den Huf angefasst, Telex hat sich nicht bewegt,

worauf ich losgelassen habe und ihn gestreichelt habe. Das Ganze habe ich vier-, fünfmal oder öfter wiederholt, und irgendwann hat er mir den Huf gegeben. Ich habe dann den Huf auch nicht festgehalten, sondern nur kurz genommen, angeschaut, auf die Unterseite geklopft und wieder abgesetzt. Telex sollte wissen, dass er seinen Huf auch wieder bekommt, solange er ihn mir freiwillig gibt. An diesem Pferd konnte ich wirklich feststellen, was es bedeutet: Ein Gefühl, das einem Gefühl folgt! Das Pferd muss fühlen, dass ich es zu nichts zwinge. Umgekehrt muss der Mensch fühlen, wann das Pferd seinen Huf wieder zurückhaben möchte. Irgendwann habe ich dann Telex geritten. Vorher haben wir allerdings noch einen Gebisswechsel vorgenommen. Mit einem einfach gebrochenen Gebiss, also einem Snaffle-Bit, ist das Pferd sehr gut zurecht gekommen. Beim Reiten habe ich ihn vorne viel losgelassen und mich erst um seine Hinterhand gekümmert (»One-Rein-Stop« usw.). Auch beim Vorwärtsreiten habe ich ihn nicht viel angenommen, er ist dann zwar etwas zügig geworden, aber es war nicht so schlimm. Im Grunde genommen war es dieselbe Geschichte mit Vertrauen und Gegenvertrauen.

Natürlich habe ich bei Telex alles sehr langsam aufgebaut. Ich habe mit sehr wenig Druck gearbeitet, bin aber trotzdem konsequent geblieben. Anstatt ihn mit großem Druck zu etwas zu zwingen, bin ich konstant an einer Sache drangeblieben. Damit habe ich ihm klar gemacht, dass er sich auch ein wenig in meiner Welt bewegen muss. Denn so ist der Mensch auch bereit, sich in seiner Welt zu bewegen. So ist es möglich, sämtliche Bedürfnisse auf einen Nenner zu bringen, damit keiner zur kurz kommt. Ich brauche ihn ab und zu zum Arbeiten, er braucht mich ab und zu für seine Bedürfnisse, und mit diesem Kompromiss kommt man auch durchs Leben.

Das Ganze braucht natürlich Zeit und baut sich wie eine Pyramide auf. Telex war trotz seiner Vorgeschichte eines der einfachsten Pferde, die ich hatte. Er ist sehr schnell auf mein Vertrauen eingegangen und es ist auch so etwas wie eine Freundschaft entstanden. Gaby hat in diesem Zusammenhang sicherlich auch eine Menge gelernt. Ich musste ihr leider oft sagen, was verkehrt ist. Obwohl »falsch« und »richtig« nicht immer die richtigen Attribute in der Arbeit mit Pferden sind. »Falsch« und »richtig« ergeben sich aus dem, was funktioniert oder eben nicht funktioniert. Gaby hat lernen müssen, dass viele Sachen eben nicht richtig waren, auch wenn es noch so gut gemeint war.

Gaby hatte sich viele Bücher gekauft, vieles daraus ausprobiert, nur leider hat ihr Telex darauf nicht angesprochen. Es kommt nicht darauf an, ob jemand nach einem Klassisch-, Englisch-, Western- oder Sonstwas-System mit seinem Pferd umgeht. Es kommt auch nicht darauf an, ob jemand nach der Lehre von einer ganz berühmten Person oder vielleicht von jemand weniger Bekanntem arbeitet. Entscheidend ist immer, was unter dem Strich dabei herauskommt. Komme ich mit meinem Pferd weiter, versteht mein Pferd, was ich von ihm will? Verstehe ich mein Pferd, kenne ich seine Bedürfnisse? Wenn ich mich heutzutage auf einer Pferdemesse umschaue, sehe ich viele Dinge, die nur der Show dienen. Viel Verpackung mit wenig Inhalt. Ob für das Pferd und seinem Besitzer unter dem Strich dabei wirklich so viel herauskommt, insbesondere beim Reiten, möchte ich bezweifeln. Bei Telex und mir ist eine Freundschaft dabei herausgekommen. Auch seine Besitzerin Gaby ist uns weiterhin in Freundschaft verbunden und besucht uns, so oft es geht.«

Silas – aus einem Schlachtpferd wird ein Reitpferd

Wenn ein Pferd achtjährig von einem Schlachter gekauft wird, steht schon eine komplette Lebens- und Leidensgeschichte dahinter. Einiges lässt sich vielleicht noch rekonstruieren, das meiste bleibt jedoch im Dunkeln. Äußere Verletzungen sind sichtbar, die inneren hingegen nicht. Viele Erklärungen für die Verhaltensweisen dieses Pferdes bleiben spekulativ.

Als Silas vom Schlachthof geholt wird, macht er den Eindruck, als hätte er bereits mit sich und der Welt abgeschlossen. Ein Teil der Wimpern am rechten Auge sowie ein Teil der Unterlippe fehlen. Er ist aber friedlich, halfterführig und auch das Auftrensen gestaltet sich ohne Probleme. Die Stallbesitzerin – gleichzeitig Reitlehrerin – die ihn vom Schlachter gekauft hat, macht sogar einen längeren Wanderritt mit ihm. Silas soll nach und nach als Schulpferd in diesen Stall integriert werden. Nachdem er von der Box in den Offenstall gekommen ist, legt er sich mit der Nachbargruppe an und verletzt sich dabei die Hinterbeine an der Abtrennung. Folge: Zurück in »Einzelhaft«. Wenig später bricht er bei der Longenarbeit aus dem Zirkel aus und flüchtet mitsamt der Longe. Silas wird danach als Mietpferd an eine Dame abgegeben, in der Hoffnung, dass die Beziehung zu einer einzelnen Person ihn zur Ruhe bringen würde. Die Schulpferdkarriere ist abgeschrieben.

Der Umgang mit Silas wird aber immer schwieriger. Sein Fluchtinstinkt ist nicht mehr unter Kontrolle. Es reicht der kleinste, nicht nachvollziehbare Anlass und Silas stürmt in grenzenloser Panik davon. Er springt über alle Hindernisse, lässt sich nicht mehr ohne Probleme aufhaltfern, ist kopfscheu und äußerst schreckhaft. Die Dame, die ihn betreuen will, stürzt mehrfach und ist nicht mehr bereit, weiter für das Pferd zu sorgen. Zu der Panik kommt jetzt auch noch ein Bewegungsnotstand. Karla, seit kurzem Reitschülerin auf diesem Hof, interessiert sich für Silas, weil ihr der Außenseiter, um den sich niemand kümmert, gefällt. Man bietet ihr zunächst eine Reitbeteiligung an.

Die erste Reitstunde verläuft anfangs fast wie ein Traum: Silas´ Reaktion auf die reiterlichen Hilfen ist im Gegensatz zu den Schulpferden wirklich beeindruckend. Doch der Traum ist nach einer halben Stunde zu Ende. Silas flüchtet im wilden Galopp und schlägt Haken. Karla wird abgeworfen und Silas läuft davon. Die Reitlehrerin fängt ihn ein, Karla setzt sich wieder drauf und beendet die Reitstunde im Schritt ohne Probleme.

Ein anderes Mal will Karla in Begleitung ausreiten. Zunächst geht alles gut, bis ein anderer Reiter von einem benachbarten Stall der Gruppe auf einer Brücke entgegenkommt. Silas galoppiert davon und wirft Karla wieder ab.

Kurz darauf will die Besitzerin Silas verkaufen. Karla befürchtet, dass er dann wieder beim Schlachter landen wird und entschließt sich, die Verantwortung für Silas zu übernehmen. Zu diesem Zeitpunkt weiß sie noch nicht, was es bedeutet, für ein verhaltensgestörtes Pferd zu sorgen.

Karla lässt den Gesundheitszustand von Silas überprüfen. Es werden Rückenprobleme festgestellt; der Grund dafür ist möglicherweise der nicht passende Sattel. Also wird ein neuer gekauft. Aber der Sattel war nicht der Grund. Die Probleme häufen sich. Manchmal hat Karla das Gefühl, dass es besser wird, je öfter sie im Gelände reitet, aber dann gibt es doch wieder herbe Rückschläge. Karlas Angst auf ihr Pferd zu steigen wird immer größer – verständlicherweise – und irgendwann lässt Silas sie auch nicht mehr aufsteigen. Daher stürzt sie sich mit Begeisterung auf alle Bodenarbeitskurse, die angeboten werden (Angstbewältigung, Führen, Longieren). Es gibt einige positive Erlebnisse, doch die negativen überwiegen. Eine Ausbilderin gibt ihr dann den Tipp, dass sie sich mit ihren Problemen an Bernd Hackl wenden soll. Der Transport verläuft ruhig, nur Karla hat Angst. Sie kennt Bernd nicht, sie weiß nicht, was sie erwartet. Dort angekommen verlässt Silas eher unkontrolliert den Hänger, ist nervös und bleibt nicht stehen. Bernd übernimmt Silas und führt ihn seelenruhig in seine Box. Karla ist erleichtert, sie spürt, dass sie hier richtig ist. Sie fährt jedes Wochenende zu Bernd und Silas, um beide zu beobachten und daraus zu lernen. Für Bernd ist die Sache bald klar. Silas hat kein Vertrauen zu Menschen, fühlt sich zudem mit seiner Angst ganz alleine, daher auch sein extremes Fluchtverhalten. Er benötigt eine feste Hand, einen Chef, auf den er sich verlassen kann. Diese Sicherheit kann Karla ihm nicht geben, weil sie inzwischen aufgrund der vielen Stürze genauso verängstigt ist.

Bernd beginnt zunächst damit, Silas wieder halfterführig zu machen. Ein nächster Schritt in der Bodenarbeit ist das »Aussacken« und die »Arbeit mit dem Rope«. Silas soll sich dabei daran gewöhnen, dass verschiedene Dinge seinen Körper und die Beine, an denen er extrem empfindlich ist, berühren.

Nächstes Ziel ist dann das »Fahren vom Boden«. Silas soll lernen, den Zügeln in jeder Situation weich nachzugeben, da er besonders während seiner Panikattacken die Hilfen des Reiters nicht mehr annimmt. Fahren vom Boden gibt dem Trainer eine gewisse Distanz und damit mehr Sicherheit. Bernd gewöhnt Silas Schritt für Schritt an das Gebiss und an die Einwirkung mit den Zügeln. Zunächst reagiert er sehr missmutig, reißt den Kopf hoch und wird unkontrollier-

bar. Bernd achtet besonders darauf, dass Silas sowohl beim Aufhalftern als auch beim Auftrensen den Kopf nach unten nimmt und er mit dem Gebiss keinesfalls an die Zähne des Pferdes stößt. Mit der Zeit fasst Silas Vertrauen und lässt eine Zusammenarbeit zu. Die Arbeit mit dem Rope und das Fahren vom Boden bringen Bernd und Silas ein ganzes Stück weiter.

Nach der zweiten Woche kann Bernd den Wallach reiten. Aber er hat verschiedene Schwierigkeiten zu bewältigen. Die enormen Angstzustände von Silas sind nicht so einfach in den Griff zu bekommen. Einmal will Silas mit ihm in der Reithalle in den Spiegel springen, ein anderes Mal hätte er vor Angst Bernd fast an die Wand des Round Pens gedrückt. Aber weder Karla noch Bernd wollen dieses Pferd aufgeben, da sie fest davon überzeugt sind, dass ein guter Kern in ihm steckt. Am wichtigsten ist zunächst die Kontrolle

der Hinterhand („One-Rein-Stop") aus dem Schritt, Trab und Galopp, um Richtung und Geschwindigkeit des Pferdes beeinflussen zu können. Dann steht die Vorderhandkontrolle auf dem Trainingsplan, da mit dieser Übung das Pferd in der Schulter leicht gemacht werden kann. Nachdem Silas aufgehört hat, die Schulter zu blockieren, reitet Bernd viel vorwärts-abwärts, um seine Rükkenmuskulatur zu lockern. Mit direkter und indirekter Biegung oder auch Schulterherein wird Silas geschmeidiger und gewinnt Selbstvertrauen. Langsam sind Fortschritte erkennbar.

Nach dem dritten Monat Beritt wird Karla dann aktiv in das Training miteinbezogen, sowohl bei der Bodenarbeit (richtiges Führen, Arbeit im Round Pen wie „Ziehen und Schieben am Auge", usw.) als auch beim Reiten. Dann kommt der Tag, an dem Karla ihren ersten Galopp auf Silas wagen soll. In ihrer Angst klammert sie und Silas rennt los, so dass sie sich nicht mehr oben halten kann. Bernd beschließt, Karla und Silas erst dann nach Hause gehen zu lassen, wenn sie ihn auch galoppieren kann. Nach einem weiteren Monat intensiver Arbeit ist es dann soweit. Die beiden werden „entlassen".

Bernd empfiehlt Karla, nach einem anderen Stall Ausschau zu halten. Mit Menschen, die ihr auch einmal Hilfestellung geben können, und einer Reithalle, die Sicherheit und ganzjährig wetterunabhängige Trainingsmöglichkeiten bietet. Doch Karla kann so schnell nichts Passendes finden, also geht sie zurück in den alten Stall.

Anfangs läuft auch alles bestens. Dann kommt der Herbst, die Tage werden kürzer und die Reitstunden finden bereits im Dun-

keln statt. Aus welchen Gründen auch immer, eines Abends läuft Silas in der Reitstunde wieder davon und Karla fällt herunter. Im Winter spitzt sich die Lage weiter zu. Schnee und Glatteis machen die Reitanlage unbrauchbar. Man kann nur noch im Schritt ins Gelände. Karla traut sich nicht mehr zu reiten ohne vorher zu longieren, was aber witterungsbedingt nicht möglich ist. Sie geht mit Silas spazieren. Im Wald versucht sie, ihm Aufgaben zu geben, geht mit ihm Slalom und Zirkel, vorwärts und rückwärts um die Bäume herum. Silas ist sehr gelehrig, aber irgendwann ist ihm das doch zu wenig, er will nicht mehr ruhig laufen und steigt am Führstrick.

Mittlerweile fühlt sich Karla auch nicht mehr wohl auf dem Hof. Erneut geht sie auf die Suche und ist erfolgreich. Ein neuer Stall öffnet ganz in der Nähe seine Pforten. Dort haben die Pferde Boxen mit Paddock, wahlweise einen Offenstall. Es gibt eine Reithalle, Round Pen, eigentlich alles, was ein (Reiter-) Herz begehrt. Nur der Trainer, der sich um eine Anfängerin mit einem Problempferd kümmern würde, fehlt noch. Sie bespricht sich mit Bernd und bringt Silas vor dem Umzug in den neuen Stall noch einmal für einen Monat zu ihm ins Training. Zwei Wochen davon nimmt sie selbst daran teil, um ganz konzentriert ihre Reitkünste verbessern zu können. Dieses zweite Training verläuft auch ohne Zwischenfälle und beide kommen ein ganzes Stück weiter.

Auch im neuen Zuhause machen die beiden weiterhin Fortschritte. So langsam wächst das Vertrauen zwischen Karla und Silas. Karla ist sich sicher, ohne Bernds Hilfe wäre sie nicht so weit gekommen. Aber sie weiß auch, dass das erst der Anfang war. Es bedarf noch viel Zeit, Geduld und kontinuierlicher Arbeit um seine Ängste weiter abzubauen.

Shannon hat noch einmal Glück gehabt

Es ist Ende Januar. Beate fährt mit ihrer Freundin und einer weiteren Bekannten, die unbedingt einen Friesen haben will, zu einem Pferdehändler. Dort stehen auch zwei Exemplare dieser Rasse in einem kleinen Offenstall: ein angerittener Wallach und eine rohe Stute. Der Wallach ist zu teuer und die Stute nichts für Anfänger. Neben dem Offenstall befindet sich eine große Halle, die vorne offen ist und davor ist Heu auf dem Boden. Viele neugierige Pferdenasen drängen sich her zu uns. Vorwiegend Tinker! Beate denkt sich: »Vielleicht ist da ja ein netter Wallach bis Stockmaß 1,50 m als Begleiter für meine nicht mehr reitbare VA-Stute Koratha dabei. Mal sehen.« Der Sohn des Händlers schnappt sich einen Besen und geht in die Halle. Scheucht alle Pferde auseinander und zerrt einen Tinker heraus. Daneben kommt noch ein riesiger Fuchs zum Vorschein, aus Österreich, wie es heißt, und mit einem deutlich sichtbaren Kaltblut-Anteil. Beates Aufmerksamkeit bleibt aber an etwas kleinem Weißen ganz hinten in der Halle hängen. Der Pferdehändler weist seinen Sohn an, diesen »vergammelten« Schimmel zu holen. Der geht wieder mit dem Besen in die Halle und kommt nach einiger Zeit mit einem kleinen Schimmel-Pony zurück. Dieses Pony sieht aus wie aus dem Schleudergang: Es stellt alle Haare, ist schmuddelig und hat nur Angst in den Augen.

Das Pony hat vorne rechts eine leichte Fehlstellung, fußt aber trotzdem gut auf. Es macht einen sehr misstrauischen, aber dennoch intelligenten Eindruck. Völlig verschreckt und verspannt steht es im Hof. Der Händler fängt an zu erzählen. Es sei ein Connemara und habe 60 Stunden Transport mit dem Lkw aus Irland hinter sich. Er habe es mitgenommen, weil es auf Grund seiner Größe gut als Schulpferd geeignet sei. Connemaras werden auch von Erwachsenen geritten. Es habe sich aber herausgestellt, dass das Pony sehr viel Angst vor Menschen habe, speziell vor Männern, deswegen sei es nicht für den Schulbetrieb geeignet. Ein typisches Frauenpferd »zum Betüddeln und so« – meint der Händler. Dann stellt sich heraus, dass der kleine Schimmel schon ein paar Mal vermittelt war, aber spätestens nach einer Woche ist er abgehauen, weil er sich nicht anfassen ließ. Jetzt ist er ein Fall für den Metzger. Beate geht langsam zu ihm hin und versucht ihn zu streicheln. Schreckensstarr lässt er sich das gefallen. Das Fell ist total verklebt und verkrustet. Ihre Fingerspitzen sinken zwischen den Rippen ein. Wie kommt es, dass ein so leichtfuttriges Pony so mager ist? Der Händler klärt Beate auf. Er sei sehr rangniedrig und die anderen ließen ihn nicht ans Heu. Beate fragt, ob das Pferdchen reitbar sei und was es so könne. »Na ja, geritten halt«, ist die Antwort. Jetzt will Beate es wissen. Die Frau des Händlers nimmt einen zweiten Führstrick und hängt ihn ins Stallhalfter ein. Der Sohn wirft seine Mutter drauf und sie reitet im Schritt die Dorfstraße rauf und wieder runter. Das Ganze noch mal im Trab. Der Schimmel macht zwar ganz brav mit, aber deutlich ist seine Angst zu sehen und zu spüren. Er ist total verspannt und steif. Beate will ihn auch noch gesattelt vorgeritten bekommen. Der Sattel ist aber offenbar kein Problem. Dann versucht sie es im Schritt. Er ist total angespannt, sie spricht ruhig mit ihm. Sie schaffen den Weg hin und zurück ohne Zwischenfall. Beate steigt ab und klopft ihm lobend den Hals. Da macht das Pony einen Riesensatz zur Seite. Wieder spricht sie ruhig mit ihm und geht langsam und für ihn erkennbar seitlich auf ihn zu. Er bleibt stehen und sie kann vorsichtig seinen Hals streicheln.

Inzwischen gibt es Kaffee in Pappbechern. Der kleine Schimmel steht völlig frei mit beiden Führstricken über dem Hals neben Beate. Sie schlürft den heißen Kaffee und überlegt, was sie tun soll. Da tastet sich eine graue Nase ganz zart und vorsichtig an ihre Hand. Sie streichelt genauso zart und denkt, dass er hier nicht stehen bleiben könne. Beate fragt den Händler, was er für den »vergammelten« Schimmel denn nun haben will. Er gibt einen Betrag knapp über dem Schlachtpreis an. Sie einigen sich auf den Preis inklusive Lieferung. Beate leistet eine Anzahlung, Rest bei Lieferung. Wieder daheim angekommen, muss sich Beate um eine Box kümmern. Überraschend ist etwas frei und am folgenden Samstag kann der Händler ihr Pferdchen bringen. Beate beschließt, es »Shannon« zu nennen, nach dem größten irischen Fluss. Erwartungsvoll wartet die Stallbelegschaft auf das neue Pferd. Die Laderampe geht auf, und ganz hinten steht es. Blankes Entsetzen bei allen Stallkollegen: Das ist ja ein Pony! Wie sieht der denn aus, der hat ja wohl noch nie einen Striegel gesehen. Wie kann man bloß so etwas kaufen. Gib ihn am besten gleich wieder zurück! Beate nimmt ihren Shannon und führt ihn die Rampe runter in den Hof. Er schnaubt wie ein Stier, die Menschenmenge bereitet ihm sichtlich Angst. Sie führt ihn in die Box, damit er trinken und fressen kann. Er stürzt sich auch sofort auf den Trinkautomat, der mit wenigen Schlucken leer ist. Er kennt die Technik nicht, und Beate führt ihre Hand zwischen Nase und Hebel und drückt leicht darauf. Es zischt und Shannon klebt mit einem Satz an der gegenüberliegenden Seite der Box. Sie spricht beruhigend auf ihn ein, er schaut sie und die automatische Tränke mit gespitzten Ohren an. Doch er kommt nicht. Beate überlegt, ihr neues Pferdchen ist doch ein Ire und versteht halt kein Deutsch.

Also versucht sie es auf englisch: »Come on, good boy.« Es klappt. Er kommt und nach zwei Versuchen weiß er, wie die automatische Tränke funktioniert. Er trinkt, als wenn er direkt aus der Wüste käme. Dann widmet er sich dem Heu. Die Stallkollegen können es immer noch nicht fassen, wie man so etwas kaufen kann, doch das lässt Beate kalt. Shannon ist intelligent und Vertrauen muss man sich ohnehin erarbeiten. Das wird schon!

Am nächsten Morgen kommt Beate in den Stall und traut ihren Augen nicht. In Shannons Box ist fast kein Stroh mehr. Muss der Hunger gehabt haben! Als nächstes kommt das Fell an die Reihe. Sie versucht, da etwas Ordnung hinein zu bekommen. Beim Bürsten lösen sich Krusten und Haarbüschel ab. Drunter ist es blutig. Der Tierarzt diagnostiziert eine hochgradige Mangelerscheinung. Die auszugleichen wird eine Weile dauern. Es ist zwar ein kalter, jedoch sonniger Tag. Beate beschließt, Shannon mit ihrer Stute Koratha raus auf einen Paddock zu bringen. Er geht brav mit. Die Stute wälzt sich als erstes in der Mitte des Auslaufs. Shannon ist die pure Freude am Laufen. Vor lauter Begeisterung kriegt er fast die Kurve nicht und muss eine Vollbremsung vor Koratha hinlegen. Die weist ihn mit angelegten Ohren in seine Schranken. Nach drei Stunden beschließt Beate, ihre beiden Pferde wieder hereinzuholen. Koratha kommt sofort, doch Shannon steht weit hinten und beobachtet alles.

Beate weiß nicht, ob Shannon im Paddock alleine bleiben würde und drückt Koratha einem Mädchen in die Hand. Dann geht sie auf Shannon zu. Er springt im Galopp weg. Beate bleibt in der Mitte stehen und wartet ab. Shannon läuft mit gespitzten Ohren im Galopp um sie herum, dann im Trab und schließlich zieht er seine Kreise enger und läuft im Schritt. Er bleibt etwa eine Armlänge weit weg von ihr stehen. Sie lobt ihn, strei-

Shannon hat sich zu einem selbstbewussten Pony entwickelt.

chelt ihn am Hals und kann den Führstrick einhängen. Good boy. Am nächsten Tag will Beate ihn longieren. Auftrensen und Anlegen des Longiergurtes sind kein Problem. Sie gehen in die Halle, es scheint ihn nicht zu erschrecken. Sie führt ihn umher, damit er sich alles in Ruhe anschauen kann. Alles klappt bestens, bis Beate die Longiergerte hebt. Shannon klettert mit einem Satz die Bande hoch. Sie lässt sofort die Gerte fallen und versucht, ihr Pony zu beruhigen. Er ist klatschnass vor Aufregung, geht aber brav zurück auf den Zirkel. Beate kann ihn ohne Gerte ein paar Minuten longieren.

In den nächsten Tagen zeigt sich, dass er vor allem, was wie ein Stock aussieht, panische Angst hat, ebenso vor Menschen, die mit gehobenen Händen hektisch auf ihn zukom-

men. Auch wenn man ihn als Lob auf den Hals klopfen will, zuckt er jedes Mal zusammen und klemmt den Schweif ein. Er muss ziemlich viel Prügel bezogen haben. Beate überlegt sich, wie sie ihm die Angst nehmen kann. Sie zeigt ihm immer wieder Besen, Schaufeln und alles Mögliche, lässt ihn dran schnuppern, bis er aufhört zu schnauben. Das klappt nach einiger Zeit ganz gut, solange es keine fremden Menschen sind, die so ein Teil in der Hand haben. Was das Reiten angeht, muss er wohl auch einen Crashkurs hinter sich haben. Er ist nicht gerade das, was man leichttritt nennt. Beate ist selbstkritisch, sie denkt an professionelle Unterstützung. Am besten jemand, der sich mit dem Problem Angst auskennt. Sie schaut sich verschiedene Ausbilder an und bekommt das Gefühl, dass es dort nur noch schlimmer werden könnte. Es ist sehr schwer, jemanden zu finden, der Verständnis für das Tier, Geduld und Sachverstand hat und einfühlsam ist.

Eines Tages steht sie an der Reithalle und schaut den zwei Westernreitern vom Stall zu. Beate hat keine Ahnung vom Westernreiten, aber ihr gefällt die lockere und entspannte Art. Sie kommt mit den beiden ins Gespräch und dabei auch auf das Thema Ausbildung und Problempferde. Thomas, einer der beiden, kennt Bernd Hackl. Nach ein paar Telefonaten lernt Beate ihn bei einem »Tag der offenen Tür« kennen. Ihr gefällt die ruhige und entspannte Art und was Bernd Hackl zur Psychologie des Pferdes zu sagen hat. Sie beschließt, auf »Western« umzustellen und Shannon von Bernd ausbilden zu lassen. Als Shannon zu Bernd kommt, ist er noch immer sehr verschreckt. Er reagiert weiterhin auf alle Gegenstände wie Besen, Mistgabeln, usw. extrem panisch. Beate warnt Bernd und alle Mitarbeiter davor, Shannon auf eine Koppel zu lassen, da wahrscheinlich keine Chance besteht, dieses Pony je wieder zu bekommen. Also bleibt Shannon die ersten Tage in der Box und dort fängt Bernd auch mit seiner Bodenarbeit an. Er stellt sich in eine Ecke und wartet, bis Shannon zu ihm kommt. Doch zuerst bleibt der kleine Schimmel in der anderen Ecke stehen, zitternd, den Kopf abgewandt. Irgendwann gibt er seine Scheu auf, und Bernd halftert ihn auf und geht mit ihm in den Round Pen. Dort arbeitet er viel mit der Plane, lässt ihn über Stangen gehen, gestaltet alles sehr spielerisch, damit sich dieses Pferd entspannt und Vertrauen gewinnt.

Irgendwann wird Shannon gesattelt und nach einigen weiteren Tagen der Bodenarbeit setzt sich Bernd drauf, um das Pony im Schritt zu reiten. Doch Shannon bleibt weiter sehr verspannt und sein Verhalten verschlechtert sich von Tag zu Tag. Sobald er beim Reiten Bernds Hand seitlich wahrnimmt, rastet er aus und rennt um sein Leben. Bernd ändert die Taktik und setzt von jetzt an die Praktikantin auf Shannon. Er lässt sie unter seiner Aufsicht arbeiten. Drei Wochen lang reitet sie den kleinen Schimmel im Schritt vorwärts, gewöhnt ihn an Berührungen vom Sattel aus und ganz langsam wird es besser. Dann ist die Zeit gekommen, um mit dem Rope zu arbeiten. Doch kaum sieht Shannon das Rope in Bernds Hand, bricht die alte Panik aus. Was muss dieses Pferd alles schon mitgemacht haben, um so zu reagieren? Man kann es nur erahnen.

Mit ganz kleinen Schritten gewöhnt Bernd Shannon an die Berührung mit dem Rope. Nur so ist gewährleistet, dass das Pferd auch später in brenzligen Situationen die Ruhe bewahrt. Nach ein paar Wochen sattelt Bernd den Schimmel und setzt sich selber drauf. Er mischt sich nicht ein und lässt das Pony dorthin laufen, wohin es will. Das Ganze erinnert dann auch mehr an eine Art Billard. Beide laufen von Wand zu Wand, wieder zu einer Wand, usw. Zwischenzeitlich eskaliert der Ritt zu einem Rodeo, Shannon hüpft wie ein Gummiball mit Bernd oben drauf durch die Reithalle. Doch irgendwann beruhigt sich das Pony und stellt zu seinem Erstaunen fest, dass im Grunde genommen nichts Schlimmes passiert ist. Bernd lobt es und steigt ab, lobt es wieder – und steigt wieder auf.

Bernd reitet Shannon betont passiv, alles am langen Zügel. Als Schritt und Trab auf diese Art und Weise einigermaßen funktioniert haben, geht er zum Galopp über. Doch Shannon schafft die Runden immer nur im Kreuzgalopp. Das verursacht weiteren Stress bei dem sensiblen Pony und prompt lässt es sich auf der Koppel nicht mehr einfangen.

Jetzt ist die Zeit für Bernds vierbeinigen Co-Trainer gekommen. Nachdem die Praktikantin am Eingang der Koppel Posten bezogen hat, reitet Bernd auf Bill als Ponyhorse hinein. Mit dem Fähnchenstock beanspruchen Bernd und Bill alle Ecken des Auslaufs bis auf den Platz, wo die Helferin steht und Shannon lockt. Sobald er sich in diese Richtung begibt, ziehen sich Bernd und Bill zurück. Das schlaue Pony merkt, immer wenn es zu der Frau läuft, hat es seinen Frieden. Nach drei Tagen ist es soweit, man kann rufen und Shannon kommt tatsächlich freiwillig und lässt sich mitnehmen.

Nun ist endlich die Zeit gekommen, Shannon während des Reitens zu gymnastizieren. Kopf links, Kopf rechts im Schritt, vorwärts-abwärts im Trab. Langsam wird der Rücken freier und kommt höher. Endlich hat Bernd den Eindruck, dass das Pony Spaß am Reiten bekommt – und ganz besonders am Stoppen, vorerst noch aus dem Trab. Das wiederum spornt Bernd an. Nach dem Stoppen kommen Turn-arounds (180°-Wendungen auf der Hinterhand) und das Pony blüht förmlich auf. Nun ist auch ans Ausreiten zu denken. Beim ersten Ausritt ist Shannon noch sehr vorsichtig, doch Bernd ist zufrieden. Er hat nicht den Eindruck, dass das Pony ihm misstraut und wieder in seine alte Panik verfällt. Auch im täglichen Umgang hat sich einiges geändert. Shannon kommt nicht nur freiwillig zu der Praktikantin, sondern auch zum Bernd. Er kann ihn auf einen Paddock

stellen, und wenn er nach einer halben Stunde zurückkommt, geht Shannon ohne Probleme auf ihn zu.

Endlich ist auch der Zeitpunkt für Shannons Besitzerin gekommen. Da Beate eine sehr vorsichtige Reiterin ist, hat Bernd bereits vorgesorgt. Immer wenn es zu irgendwelchen Missverständnissen kommt, soll Shannon in die Mitte laufen, stehen bleiben und abwarten. Das funktioniert tatsächlich. Als Beate beim Traben den Rhythmus verliert und Shannon in den Rücken fällt, läuft er in die Mitte und macht auf Esel. Dann kann sie im Schritt wieder anreiten und von vorne anfangen. Beim Galoppieren genau dasselbe. Das hat Beate – und natürlich auch Shannon – vor einem neuerlichen Rodeo bewahrt. Nach einigen Reitstunden haben sich Beate und Shannon arrangiert und Bernd kann beide heimschicken.

Sieben Monate war der ehemals »vergammelte« Schimmel in Bernds Obhut. Shannon hat viel von seiner Angst verloren und an Selbstbewusstsein gewonnen. Er geht heute von sich aus auf Menschen zu, was allerdings noch nicht heißt, dass er sich von jedem von der Koppel führen lässt. Wenn ihm irgendetwas nicht passt, verwandelt er sich auf einmal wieder in ein »wildes Pony« und lässt sich nicht einfangen.

Nach ein paar Monaten besucht Bernd Beate und ihren Shannon. Er kann es sich auch nicht verkneifen, den Connemara auszuprobieren, und ist sehr erstaunt. Shannon ist weich und angenehm zu reiten. Schritt, Trab und auch der Galopp sind kein Problem. Stoppen, Drehen, ja sogar Galoppwechsel hat er gelernt. Beate nimmt regelmäßig an den Reitstunden im heimatlichen Stall teil und das Ergebnis kann sich sehen lassen. Aber das Allerschönste: Shannon macht freudig mit – er ist ein ganz anderes Pferd geworden!

Champ muss lernen, wie sich ein Pferd zu benehmen hat

Diese Geschichte fängt schon vor der Geburt des Fohlens an. Die Mutterstute war sehr krank und bekam entsprechend viele Medikamente. Jeder auf diesem Hof befürchtete, dass das Fohlen ein Monster werden müsse – mit zwei Köpfen und sechs Beinen oder so ähnlich. Nachdem das Fohlen aber gesund auf die Welt und nach drei Monaten einigermaßen zurecht kam, musste die Stute eingeschläfert werden. Champ – wie der kleine Kerl hieß – kam zu einem anderen Fohlen in die Box. Er wuchs auf wie ein Hund, mit dem Erfolg, dass er sogar den Menschen bis ins Reiterstüble folgte. Die heutige Besitzerin wollte ihn bereits mit sechs Monaten kaufen. Davon wurde ihr damals abgeraten. Schon damals befürchtete man, dass er aufgrund seiner besonderen Geschichte ein Problempferd werden würde. Also übernahm sie zuerst eine Pflegschaft für dieses Fohlen. Beide gingen zusammen spazieren, es wurde stehen bleiben geübt, putzen und was man als kleines Pferd sonst noch so lernen muss. Champ machte gut mit. Manchmal benahm er sich zwar komisch, wurde ungeduldig, dann hörte seine »Ersatzmama« auf, um ihn nicht zu überfordern.

Mit etwa zweieinhalb Jahren beginnt der Ernst des Lebens. Petra, die Pflegemutter und neue Besitzerin von Champ, fängt ganz klassisch an mit Longieren. Die ersten Übungen sind auch Erfolg versprechend. Als der Wallach drei Jahre alt ist, geht das Chaos allerdings los. Wenn Champ etwas nicht passt, fängt er an zu steigen. Beim Longieren geht er nur noch rückwärts, um sich der Einwirkung zu entziehen. Als Handpferd macht er noch gut mit, außer dass das Führpferd ziemlich zu leiden hat, es wird gepiesackt und gezwickt. Gute Ratschläge von allen Seiten gibt

es genug. Die meisten gehen in die Richtung: Der gehört mal richtig verdroschen, usw. Das entspricht aber nicht der Vorstellung von Petra. Ohnehin schaltet Champ bei körperlichen Züchtigungen erst recht auf stur, das hat auch mal der Tierarzt bei einer Behandlung wegen Schlundverstopfung zu spüren bekommen.

Eine Bekannte von Petra empfiehlt Bernd Hackl. Bis Champ allerdings dorthin zur Ausbildung kommt, hat er bereits den Titel »Mörderpferd« weg. Für Bernd ist die Sache klar. Diagnose »Kommunikationsprobleme«. Wie recht er hat, erfährt Petra bereits nach einer Woche, denn da erkennt sie ihren Champ fast nicht wieder. Um aus ihm jedoch ein Reitpferd zu machen, bedarf es noch einiger Wochen intensiven Trainings. Das Verhaltensmuster »Steigen« ist bei Champ schon sehr eingefahren . Für Bernd bedeutet dies »das volle Programm«. Unter anderem arbeitet er mit Champ sehr intensiv vom Zaun aus, bis er sicher ist, dass das Pferd von links und rechts ein Bild von dieser Welt hat. Mit einer speziellen Art der Bodenarbeit, die er »Ziehen und Schieben am Auge« nennt, verschafft Bernd sich Respekt und Interesse bei dem Pferd. Dann kommt Fahren vom Boden aus dazu, aber erst mal ohne Leinen, um wiederum die Aufmerksamkeit beim Pferd zu vertiefen. Alles kommt in kleinen Häppchen daher, jede Überforderung würde Champ sofort mit Steigen beantworten. Wenn Bernd das Gefühl hat, die Übungen sitzen, kann er im Programm weitergehen und das Fahren vom Boden wird mit den Leinen fortgesetzt. Jetzt hat er auch die Möglichkeit, das Pferd direkt zu beeinflussen. Wird Champ das Gebiss annehmen oder wird er wieder steigen und sich so jeder Einflussnahme entziehen? Bernd muss sich sicher sein, dass das Pferd diesen Druck aushält, auch wenn mal eine ungeschickte Hilfe seitens des Reiters kommen wird. Doch Champ hat verstanden. Bernd kann jedes einzelne Bein mit Zupfen am Zügel bestimmen und lenken.

Der große Tag des ersten Aufsteigens kommt. Bernd gibt Champ keine Möglichkeit, in alte Verhaltensmuster zurückzufallen. Vorwärts reiten heißt in diesem Fall, das Pferd beschäftigen, die Losgelassenheit fördern, um keine Gegenwehr herauszufordern. Selbstverständlich kommen sämtliche Übungen ebenfalls unter dem Sattel zum Einsatz. Sobald Bernd das Gefühl hat, Champ holt Schwung aus der Hinterhand, um beispielsweise zu steigen, dient der »One-Rein-Stop« dazu, die Hinterhand zu verschieben und so genau diesen Schwung abzubremsen. Vorder- und Hinterhandkontrolle kommen immer wieder zum Einsatz. Bernd checkt das Pferd ab, reitet es bis zur vertikalen Kontrolle, d. h., er treibt Champ weich in das Gebiss, fängt ihn vorne weich ab. Gleichzeitig muss er immer wieder überprüfen, wie viel Druck Champ aushält.

Die laterale und vertikale Kontrolle ist bei Steigern besonders wichtig, da sie ja gelernt haben, sich durch das Steigen der Kontrolle über das Gebiss zu entziehen. Je weicher ein Pferd im Maul wird und sich vom Reiter »einspannen« lässt, umso weniger besteht die Gefahr des Steigens.

Sehr viele Berufsreiter lehnen es von vornherein ab, Steiger anzunehmen und zu trainieren. Eine durchaus verständliche Einstellung. Steigen gehört zu den gefährlichsten Abenteuern, die man mit einem Pferd erleben kann. Es besteht immer die Gefahr, sich mit so einem Pferd zu überschlagen. Jeder Berufsreiter – wie natürlich auch jeder Freizeitreiter – ist von seiner körperlichen Unversehrtheit abhängig. Dazu kommt, dass diese so genannte Unart nicht innerhalb einer überschaubaren, kalkulierbaren Zeit abzugewöhnen ist.

Champ hat jetzt die wichtigsten Lektionen gelernt. Nach mehreren Wochen ist es dann soweit, Petra holt ein Pferd ab, das gelernt, wie sich Pferde zu verhalten haben und was Menschen von ihm wollen. Jetzt ist Champ fünf Jahre alt, und die schönen Erlebnisse überwiegen bei weitem. Natürlich versucht Champ ab und zu, seinen Sturkopf durchzusetzen, doch Petra hat gelernt, wie sie damit umgehen muss. So ist sie zuversichtlich, dass auch die gemeinsame Reitausbildung gelingen wird.

Caluno – aus einem Sportpferd wird ein Wildpferd

Caluno ist ein Warmblutwallach mit Luxemburger und Holsteiner Vorfahren und kommt siebenjährig zu Bernd als Problempferd. Er wird als sehr schwierig angekündigt, was auch zutrifft. Seine Anreise verzögert sich um zwei Wochen, da er sich zuerst nicht verladen lässt. Irgendwann muss er wohl aufgegeben haben. Seinen Besitzer hat er mehrfach »verloren«, soll heißen, Caluno kann

Champ

bocken wie ein Mustang. Vom Boden aus ist er allerdings ein liebes und umgängliches Pferd.

Sitzt jemand auf Caluno, sieht die Sache allerdings ganz anders aus. Er droht, reißt das Maul auf, knirscht mit den Zähnen, legt die Ohren an, er steigt und bockt – also wirklich das gesamte Repertoire. Das Pferd ist nicht einzuschätzen. Man weiß auch nicht, was als nächstes kommen wird. Nach Bernds Ansicht rühren sämtliche Probleme vom Rücken her. Das teilt er auch dem Besitzer mit, worauf dieser allerdings nicht eingeht. Bei der Ankaufsuntersuchung sei das Pferd komplett untersucht worden und es gebe medizinisch nichts Auffälliges. Nun, später hat sich herausgestellt, dass das Pferd zwar untersucht worden ist, allerdings nur sehr oberflächlich.

Ab und zu macht Caluno beim Reiten mit, doch im nächsten Augenblick dreht er wieder völlig durch. Dabei nimmt er weder Rücksicht auf sich selbst noch auf irgendjemand anderen. Seine Trickkiste ist schier unerschöpflich. Er versucht, Bernd gegen eine Wand zu drücken, ihn an irgendwelchen Pfosten abzustreifen. Bernd ist sich nicht sicher, wie »tough« dieses Pferd wirklich ist. Ob es wirklich bis zum Äußersten gehen würde? Im Round Pen bekommt er die Antwort. Caluno ist mit ihm an der Wand abgeprallt. Das Pferd hat nur eine kleine Verletzung, Bernd bricht sich bei dieser Aktion den Fuß.

Bernd setzt den Besitzer davon in Kenntnis. Dieser sagt, er wolle das Pferd nicht mehr sehen, Bernd soll ihn zum Metzger fahren! Doch Bernd will sich diese Sache nicht so einfach machen und ihr auf den Grund gehen. Er setzt sich weitere vier Wochen Frist. Auf eigene Kosten lässt er das Pferd kinesiologisch befragen, und es wird festgestellt, dass das Pferd Probleme im Kreuz-/Darmbeinbereich hat.

Problematisch bei Caluno ist schon das einfache Vorwärtsreiten. Sobald Bernd ihn vorwärts nehmen will, droht er und seine Muskeln werden fest wie Beton. Bernd beschließt, dass ein Ponyhorse – nämlich Bill – helfen muss. Dabei geht es nicht um die üblichen Übungen aus der Bodenarbeit, denn Caluno ist ja halterführig und vom Boden aus unproblematisch. In diesem besonderen Fall kommt Bernds Frau Sabine dazu. Sie reitet Billy und beide sollen helfen, Caluno vorwärts zu bringen. Bernd legt leicht den Schenkel an, und anstatt mehr Druck zu machen, kommt Sabine mit Billy von hinten angeritten und touchiert Caluno mit dem Fähnchenstock. Das funktioniert tatsächlich und mit der Zeit wird es besser. Caluno hat gewusst: Wenn der Schenkel kommt und er nicht vorwärts geht, kommt von hinten das Ponyhorse – und diesen Stress will er sich ersparen. Das geht sogar so gut, dass Bernd Caluno im Schritt, Trab und im Galopp reiten kann. Allerdings erst mal alles ohne größere reiterliche Einwirkung und demzufolge auch ohne Rückentätigkeit des Pferdes. Erst nach und nach kann Bernd Caluno etwas einspannen und an der Nachgiebigkeit arbeiten. Aber auch das ganz unorthodox: zuerst ohne Schenkel, wieder mit seiner Frau und Ponyhorse Bill als treibende Hilfe. Nachdem Bernd zumindest eine vertikale Kontrolle hat, gehen beide ins Gelände. Dort reitet er Caluno nur vorwärts am langen Zügel. Da dieses Pferd von Natur aus viel Schwung mitbringt, vernachlässigt Bernd das Reiten ans Gebiss, um keine heftigen Reaktionen zu provozieren.

Dann kommt eines Tages der Besitzer vorbei und will Caluno mitnehmen. Normalerweise werden die Pferdebesitzer, so weit es geht, in das Training mit einbezogen. Calunos Besitzer wohnt sehr weit weg und die vielen Dinge, die in der Zwischenzeit passiert sind,

Caluno

erleichtern die Verständigung zwischen ihm und Bernd nicht unbedingt.

Caluno soll verladen werden, er geht jedoch nicht auf den Hänger. Bernd muss einspringen und das Pferd folgt wie ein Lämmchen. Bernd ist sich sicher, dass der Besitzer mit dem Pferd nicht zurecht kommen und Caluno beim Metzger landen wird. Bernd ist den Tränen nahe, seine Frau Sabine ebenfalls – so sehr ist beiden dieses Pferd ans Herz gewachsen. Der Besitzer verabschiedet sich mit einem verständnislosen Kopfschütteln. Zumindest hat die Frau des Besitzers ein Einsehen und verspricht, dass sie Bernd und Sabine benachrichtigen würde, bevor Caluno zum Händler oder zum Metzger gehe. Sie würde dafür sorgen, dass sie das Pferd dann abholen könnten.

Caluno war schon einige Zeit zu Hause, als Bernd einen Anruf bekommt. Calunos Besitzer könne sein Pferd zwar im Schritt, Trab und einigermaßen auch im Galopp reiten, doch irgend etwas stimmt wohl nicht. Immerhin ist er so aufrichtig, Bernd mitzuteilen, dass er Caluno von einem Physiotherapeuten untersuchen ließ, vielleicht auch mit dem Hintergedanken, dass die von Bernd geäußerten Vermutungen bezüglich des Rückens nicht stimmen. Doch dieser Therapeut bestätigt die Diagnose und wundert sich, dass das Pferd mit diesen Schmerzen überhaupt noch geradeaus laufen kann.

Caluno wird behandelt und sein Besitzer muss eine Weile mit ihm spazieren gehen. Es tritt Besserung ein und Caluno kann geritten werden. Doch kurze Zeit später verreißt er sich in seinem Übermut auf der Koppel wieder das Kreuz. Das ist dem Besitzer zu viel, er ruft Bernd an, er könne das Pferd abholen. Schließlich möchte er ein Pferd zum Reiten und nicht zum Spazierengehen. Bernd fährt hin. Er geht in den Stall, Caluno brummelt ihn an, geht ohne Probleme sofort in den Hänger

und so wechsel dieses Pferd den Besitzer. Im neuen – oder alten – Zuhause wird Caluno erfolgreich behandelt. Nach ein paar Monaten ist er wieder reitbar, ab und zu gibt es ein paar kleine Rückschläge, aber insgesamt sieht alles nach einem »normalen« Problemfall aus. Durch einen Gebisswechsel von einer Wassertrense zu einer Trense mit Anzügen lässt sich die Durchlässigkeit in der Vertikalen verbessern. Eine große Unterstützung bei dem Aufbau der Muskulatur ist das Freispringen. Dort ist auch sein überragendes Talent zu sehen, waren seine Vorfahren doch erfolgreiche Springpferde gewesen. Und es macht Caluno sichtlichen Spaß. Bernd springt während der täglichen Arbeit mit ihm über Cavaletti, um die Hinterhand- und Rückenmuskulatur weiter zu verbessern. Der Zeitpunkt rückt näher, an dem Bernd und Sabine ihren Caluno in verständnisvolle Hände abgeben können.

Aus diesem Grund setzt Bernd seine damalige Praktikantin Beate ein, um Caluno einem Fremdreitertest zu unterziehen. Das geht beim ersten Mal recht gut, beim zweiten Mal wird er schwierig, und beim dritten Mal fällt Caluno in seine alten Verhaltensmuster zurück. Er will nicht mehr vorwärts gehen, schickt sich sogar an, seine Reiterin an die Wand zu quetschen, usw. Das ist ein herber Rückschlag. Bernd setzt sich auf Caluno und nach ein paar Tagen ist alles wieder im Lot. Dann probiert Beate es noch einmal. Beim ersten Mal geht es noch, doch bereits beim zweiten Ritt wird Caluno sehr unberechenbar. Bernd versucht es noch ein weiteres Mal, doch dann gewinnt die Einsicht die Oberhand, dass dieses Pferd für andere Reiter zu gefährlich ist. Für das einst vielversprechende Springpferd muss ein Platz gesucht werden, wo es einfach nur Pferd sein darf. Caluno befindet sich jetzt in einer Gruppenauslaufhaltung des Vereins Pferdehilfe e. V.

in Bayern. Bernd und Sabine sind diesem Verein schon lange freundschaftlich verbunden. Dieser Verein existiert seit 25 Jahren und ist Mitglied im Deutschen Tierschutzbund (DTB). Er kümmert sich um alte Pferde und Pferde, die keiner mehr haben will. Er möchte abgeschobenen Pferden in ihren letzten Lebensjahren eine Heimat geben. Das Wort »Gnadenbrot« verwendet der Verein nicht gern, denn »Gnade« bedeutet so viel wie »unverdiente Milde« – wir schulden den Pferden keine Gnade, sondern Gerechtigkeit.

Es stellt sich die Frage, ob diese Geschichte überhaupt in dieses Buch gehört, denn schließlich ist es keine »Erfolgsstory« im üblichen Sinn. Trotz aller Bemühungen ist Caluno nicht reitbar. Mancher Leser wird sogar die Stirn runzeln und den Kopf schütteln: Für ein Pferd, das keinen Nutzen mehr hat, noch Geld ausgeben? Das würde aber bedeuten, dass ein Pferd, das zwar gesund ist, sich aber nicht reiten lässt, keine Existenzberechtigung mehr hat. Viel zu wenige Pferdebesitzer zeigen Treue und Dankbarkeit gegenüber ihren vierbeinigen Kameraden. Viel zu viele schieben ihr Pferd ab, wenn es nicht mehr »nutzbar« ist, wenn sie das Interesse daran verlieren oder feststellen müssen, dass es mehr Zeit und Geld kostet, als sie erwartet haben. Dann wird das Tier vernachlässigt oder an den Händler verkauft, ohne dass man sich Gedanken über sein weiteres Schicksal macht. Die Endstation ist dann oft der qualvolle Schlachtpferdetransport.

Wie geht es weiter?

Form und Funktion – Was kann ich von meinem Pferd erwarten?

Das Exterieur eines Pferdes, also der Körperbau und das äußere Erscheinungsbild, geben zunächst einmal einen wichtigen Aufschluss über den Verwendungszweck. Gleichzeitig zeigen sie dem geschulten Auge gewisse Grenzen innerhalb der gewünschten Reiteigenschaften auf. Ein extremes Beispiel ist die Vorstellung, mit einem Kaltblutpferd auf eine Galopprennbahn zu gehen und mit den Vollblütern in Konkurrenz zu treten. Niemand würde auf diese Schnapsidee kommen. Kaltblüter und verwandte Rassen wurden für die schwere Arbeit im Wald und auf dem Feld gezüchtet, als Zugtiere für Kutsche oder Planwagen. In einigen Ländern dienen sie auch als reine Fleischnutzungsrassen. In den letzten Jahren erleben Kaltblutrassen eine Renaissance auf Grund ihres meist stoischen Gemüts. Die Tinker aus Irland sind dafür ein gutes Beispiel, aber auch schwere Nordlandponys wie Norweger oder Highlander finden ihre Freunde im Freizeitreiten. Selbstverständlich kann man alle diese Pferde reiten, aber man sollte ihre Grenzen kennen und dementsprechend vorgehen.

Schwere Pferde haben mit dem Galopp so ihre Probleme. Entweder kommen sie erst gar nicht in die Gänge oder sie werden zu einer Dampfwalze ohne Steuerung. Es bedarf einer langen und geduldigen Arbeit, um hierbei zu einem zufriedenstellenden Ergebnis zu kommen. Als nächstes stellt der kurze, tief angesetzte, sehr muskulöse Hals, aber auch die schwere, meist steile Schulter den Ausbilder vor gewisse Probleme. Wenn man versucht, solche Pferde von vorne nach hinten zu arbeiten, stößt man auf Beton. In solchen Fällen helfen Anleihen, z. B. aus dem Westernreiten, wo man mit Hüftkontrolle oder »Hinterhand verschieben« die Schulter leicht machen und zu einer natürlichen Aufrichtung kommen kann. Wie das Beispiel zeigt, helfen gewisse Anleihen aus dieser Reitweise, die ja aus dem Arbeitsalltag der Viehhirten kommt, dem Freizeitreiter oftmals weiter. Aber auch da muss man vor zu viel Eifer warnen. Das Quarter Horse, um nur mal die zahlenmäßig größte Rasse zu nennen, wurde über 100 Jahre lang systematisch auf seine athletischen Fähigkeiten hin gezüchtet. Diese stellt es insbesondere bei den so genannten Rinderdisziplinen wie Cutting oder Working Cowhorse unter Beweis. Um mit einer anderen Rasse nur annähernd dahin zu kommen, ist ebenfalls geduldige Arbeit vonnöten, und der Reiter sollte die natürlichen Anlagen seines Pferdes respektieren.

Diese Beispiele sind besonders einleuchtend und jedem Reitanfänger zu vermitteln. Schwieriger wird es da schon bei so genannten Gebäudemängeln, die innerhalb jeder Rasse vorkommen können. Unterscheiden muss man von vornherein jene Mängel, die durch schlechte Aufzucht oder schlechtes Reiten entstanden sind, und diejenigen sichtbaren Gebäudefehler, die angeboren sind. Bei der Beurteilung des Exterieurs schauen wir uns das ganze Pferd vom Kopf bis zur Kruppe und vom Rücken bis zu den Hufen an. Abweichungen von einer gewissen Norm beinhalten immer die Gefahr, das Pferd in seiner Leistungsfähigkeit zu beeinträchtigen. Ein ausgeprägter Widerrist, der weit in den Rücken hineinragt, fixiert den Sattel und setzt den Reiter möglichst weit von der Vorderhand weg. Die Schräge der Schulter gibt Auskunft über den Raumgriff der Vorderhand. Womit wir bei den Gliedmaßen wären. Die Stärke des Fundaments soll zum Körper passen. Eine korrekte Stellung wird weniger wegen der Harmonie und Schönheit angestrebt, sondern wegen der zu erwartenden Belastbarkeit des Pferdes. Verdrehte und schiefe, einseitig belastete Gelenke verschleißen rasch. Drehende Bewegungen erhöhen dieses Risiko wesentlich.

Der Motor des Pferdes steckt in der Hinterhand. Die Tragkraft wie auch der Schub werden daraus entwickelt. Während bei einem deutschen Warmblut die Kruppe lang, nach hinten leicht abgezogen, und von hinten betrachtet, seitwärts leicht abgedacht sein sollte, fällt die Hinterhand eines Quarter Horses durch seine runde, kompakte Form und Bemuskelung auf. Quarter sind leider häufig überbaut und die Kruppe ist leicht abgeschlagen mit einem tiefen Schweifansatz. Anders als bei Kaltblütern oder Ponys, die hinten ebenfalls stark bemuskelt sind, bilden beim Quarter Horse die Muskeln der Kniepartie die breiteste Stelle. Muskeln sind im Grunde genommen nur die äußere Form des Skeletts. Sie können nur das leisten, was ihnen von dem Skelettumfang her vorgegeben ist. Die »Leistungskruppe« eines Warmbluts korrespondiert meist mit spitzen Winkeln im Knie und deutlichem Winkel im Sprunggelenk. Die gewünschte Hankenbiegung und damit die Arbeit in Richtung Versammlung werden begünstigt.

Die lang gezogene Hüfte eines Quarter Horses in Verbindung mit einer starken Winkelung der Hinterhand und kurzen Röhren befähigt diesen Athleten zu katzenhaften Bewegungen. Ein ideal gebauter Quarter steht somit immer »kurz über dem Boden« und kann sich auf einem »Teller drehen«.

Großer Wert wird auf die Stärke des inneren Waden-Muskels (Gaskin) gelegt. Anders als bei anderen Rassen reicht er tief bis in das Sprunggelenk hinein. Auch der Dressur- oder Springreiter wünscht sich ein gut bemuskeltes Pferd, jedoch gibt die Form der Muskeln Auskunft über den entsprechenden Verwendungszweck. Ein Pferd kann immer nur das leisten, was einerseits durch die Rasse vorgegeben, aber auch aufgrund seiner Anatomie möglich ist. Versuchen Sie nicht, aus einem Langstreckenläufer einen Bodybuilder oder aus einem Gewichtheber einen Sprinter zu machen. Auch innerhalb einer Rasse gibt es durchaus starke Abweichungen. Das perfekte Pferd existiert nur auf Gemälden!

In der Praxis gibt es nur wenige der so genannten Fehlstellungen oder Mängel, die eine tatsächliche Behinderung für den Reiter darstellen. Ausgenommen ist natürlich der Umstand, wenn das Pferd für die Zucht vorgesehen ist. Bei einem geplanten Pferdekauf muss man häufig abwägen. Ein Pferd mit gewissen Exterieurmängeln aber einem unverdorbenen Charakter ist manchmal höher zu bewerten als ein »Eyecatcher« mit schwierigem Temperament, der vielleicht nur noch von wenigen Spezialisten zu reiten ist – wenn überhaupt. Damit kommen wir zu dem Kapitel »Interieur«. Im Wesentlichen handelt es sich dabei um zwei Eigenschaften, nämlich Temperament und Charakter. Das Temperament ist die eigene Aktivität, vielleicht auch mit Vorwärtsdrang zu umschreiben. Dabei reicht die Skala von überschäumendem, schlecht regulierbarem Temperament bis hin zur Trägheit. Es versteht sich von selbst, dass ein kluger Reiter die »goldene Mitte« bevorzugt.

Bei der Beurteilung des Charakters wird es schon schwieriger. Inwieweit eine genetische Veranlagung oder ungünstige Aufzuchtbedingungen aus einem Pferd ein bösartiges Individuum machen, ist umstritten. In der Regel bekommt ein Ausbilder seinen vierbeinigen Schüler in die Hände, wenn er drei, vier Jahre oder sogar schon älter ist. In der vorangegangenen Zeit kann so viel passiert sein, und meist ist der Besitzer nicht der Züchter, der das Pferd von Anfang an begleitet hat. Dann bestünde noch eher die Möglichkeit, gewisse Verhaltensweisen zu rekonstruieren. Ansonsten bewegt man sich immer im Reiche der Spekulation. Wie bei allen Säugetieren – der Mensch eingeschlossen – sind die ersten Lebensmonate und -jahre extrem prägend. Pferde sind in relativ kurzer Zeit verdorben und es braucht sehr viel Zeit, Geduld und Einfühlungsvermögen, um diese Fehler wieder auszumerzen.

So gravierende Probleme in Bezug auf Exterieur oder Interieur eines Pferdes, die eine weitere reiterliche Nutzung verhinderten, sind Bernd Hackl relativ selten begegnet. In den meisten Fällen handelte es sich um »Kommunikationsprobleme«. Und die ließen sich durch entsprechendes Training von Mensch und Pferd lösen. Und selbst wenn alle Probleme beseitigt sind, sollte man im Alltag immer eines beherzigen: Wer sich nach seinem Arbeitsalltag verspannt, verbissen oder nervös auf sein Pferd setzt, kann nicht im selben Atemzug Entspannung, Losgelassenheit, Ruhe und Eleganz verlangen. Warum in solch einem Fall nicht zunächst mal einen Spaziergang mit seinem Pferd machen und relaxen? Dann sieht die Welt vielleicht schon wieder ganz anders aus.

Was ist Versammlung und wie viel davon braucht ein Pferd?

Der Schluss dieses Buches ist im Grunde genommen auch ein Anfang. Nämlich der Anfang zur gymnastizierenden reiterlichen Weiterbildung von Mensch und Pferd. Auf so genannten Anreitdemos hat Bernd Hackl gezeigt, wie er innerhalb von wenigen Tagen ein rohes Pferd an das Halfter, an einen Sattel und auch an das Reitergewicht gewöhnt. Jedes Mal betont er, dass es sich ausschließlich um ein »Anreiten« handelt und dass diese Anreitdemo eine Ausnahmesituation ist, die nichts mit dem eigentlichen Reiten von Pferden zu tun hat.

Normalerweise zieht sich der Vorgang des Anreitens über mehrere Wochen hin. Merkt Bernd, dass ein Pferd überfordert ist, geht er ein paar Schritte zurück, um behutsam von vorne anzufangen. Doch manche Menschen sind so fasziniert von der Verwandlung eines »rohen« Pferdes in ein »Reitpferd«, dass sie die warnenden Worte nicht hören oder verstehen wollen.

Das Lauftier Pferd ist hoch spezialisiert. Sämtliche Muskeln sind miteinander verbunden, alle Sinne sind ständig auf Empfang, die Haut ist der Sensor zur Außenwelt. Eine Fliege – egal, wo sie sitzt – wird sofort bemerkt und verursacht ein Muskelzucken. Droht eine – tatsächliche oder vermeintliche – Gefahr, versammelt das Pferd seine ganze Muskelkraft und entzieht sich blitzschnell durch Flucht dem Unheil. Das natürliche Gleichgewicht befähigt es, seine vier Beine auch in unwegsamen Gelände sicher zu koordinieren. Erst der Mensch auf seinem Rücken bringt diese Veranlagungen durcheinander. Bis ein Pferd an alle Dinge des täglichen Lebens gewöhnt ist und der Muskelaufbau so weit fortgeschritten ist, dass es problemlos einen Reiter tragen kann, vergehen einige Monate, wenn nicht Jahre. Will ich meinen vierbeinigen Partner keinem vorzeitigen Verschleiß aussetzen, so komme ich um die notwendige Gymnastizierung nicht herum.

Um die Tragkraft des Rückens (Versammlung) zu entwickeln, bedarf es konsequenter Vorbereitung und Arbeit.

»Aber ich will doch nur ins Gelände reiten« schallt es da von vielen Seiten. Bahnfiguren reiten ist langweilig und die Übungen, um ein Pferd zu gymnastizieren, muten manchmal antiquiert an oder ihre Zweckmäßigkeit erschließt sich dem Anfänger nicht unbedingt sofort. Nach der Bodenarbeit und der Gewöhnung an einen Sattel reitet Bernd die Pferde an. Er legt ein Fundament, auf dem der Besitzer des Pferdes aufbauen kann. Dabei spielt es keine Rolle, ob es sich später um eine englische, spanische oder Westernreitweise oder eine Mixtur von allem handelt. Im Grunde genommen führt Bernd im Sattel nur das aus, was er bereits vom Boden aus mit dem Pferd geübt hat. Selbst die direkte und die indirekte Biegung oder die Schulter- und Hüftkontrolle sind eine Fortführung der Übungen aus der Bodenarbeit. Die Gymnastizierung sämtlicher Muskeln dient dazu, dass der Rücken eines Pferdes zu einer tragfähigen Brücke wird. Ansonsten reiten wir irgendwann nur noch auf der »blanken« Wirbelsäule, und bleibende Schäden an Knochen und Gelenken sind unausweichlich.

Darum ist in der Reiterei auch häufig davon die Rede, dass ein Pferd »über den Rücken« geritten werden sollte, und man spricht von versammelnden und versammelten Lektionen. Aber was ist eigentlich »Versammlung« und wie viel brauche ich davon, wenn ich weder die klassische Hohe Schule noch den Grand Prix im Sinn habe? Das Pferd trägt aufgrund seines Körperbaus den größeren Teil seines Gewichts auf der Vorderhand. Diese Gewichtsverteilung wird durch den dicht hinter der Schulter sitzenden Reiters noch ungünstiger. Versammlung ist der Zustand eines Reitpferdes, in der die Vorderhand durch vermehrte Lastaufnahme der Hinterhand entlastet ist und der Rücken eine Dehnungshaltung einnimmt. Das setzt wiederum voraus, dass das Pferd in der Lage ist, seine Hüft- und Kniegelenke (Hanken) so weit zu beugen, dass es weit untertreten und somit seine Kräfte voll entfalten kann. Dies alles bedarf einer monatelangen Gymnastizierung und ist nur durch den richtigen Aufbau der Ausbildung und geduldige, zielstrebige Arbeit zu erreichen.

Der Grad der Versammlung und die damit verbundene Aufrichtung eines Pferdes hängt neben dem Können des Reiters im wesentlichen von der Anatomie des Pferdes ab (siehe »Form und Funktion«). Wenn sich die Last in etwa gleichmäßig auf Vorder- und Hinterhand verteilt, spricht man von einer »Gebrauchshaltung«. Wenn der Rücken schwingt, die Hinterhand mit ausreichend Schub untertritt und das Pferd in der Schulter leicht wird – kurz gesagt, es ist ein Gefühl, als wenn man »bergauf« reitet – dann befindet man sich schon in den höheren Weihen eines Reiterlebens. Wenn man allerdings bei seinem Pferd nur Passagier ist und sich gedankenlos durch die Gegend tragen lässt, dann erweist man seinem vierbeinigen Kameraden einen schlechten Dienst.

Um einmal den zeitlichen Rahmen zu verdeutlichen, in dem die Ausbildung eines Pferdes stattfindet, bediene ich mich der Richtlinien für Reiten und Fahren Band 1 der FN (Deutsche Reiterliche Vereinigung). Darin wird die Spanne vom Anreiten bis zu einer A-Reife mit etwa einem Jahr veranschlagt. Die A-Stufe beinhaltet die Losgelassenheit im Takt, die Anlehnung bei einfachen Wendungen (Schlangenlinien, Ecken), leichte Gangverstärkung im Gleichgewicht, gerade richtende Lektionen und Beginn der Schwungentwicklung durch Reiten im Schultervor. Bis zur S-Reife eines Pferdes vergehen noch mal drei bis vier Jahre. Wichtig ist mir auch die Betonung auf »Ausbildung«. Es geht nicht um ein Abrichten auf bestimmte Lektionen hin, sondern um die systematische Entwicklung aller Möglichkeiten, die einem Pferd physisch und psychisch zur Verfügung stehen. Etwas anders schaut es in der »klassischen« Reiterei aus, jedoch nicht, was den zeitlichen Rahmen anbelangt. Die Grundausbildung fängt mit einer intensiven Bodenarbeit zur Grundgymnastizierung des Pferdes sowie zur Unterstützung und Erklärung der Hilfengebung an. Innerhalb der nächsten drei Monate wird das junge Pferd am relativ langen Zügel in Schritt und Trab in den Bahnfiguren gearbeitet. Erst wenn das Pferd zu seiner Balance gefunden hat, wird auch galoppiert. Die Gymnastizierung des Pferdes geht weiter mit (stark gebogenen) Volten, evtl. bis zum Schulterherein. Ein Nachgeben am inneren Zügel im Schritt in der Biegung signalisiert erste Durchlässigkeit. Nach sechs Monaten vervollständigen diverse Übungen wie Schulterherein und Kruppeherein im Schritt bzw. Schulterherein auch im Trab die weitere Gymnastizierung. Nach einem Jahr erntet der geduldige Reiter die Früchte seiner Arbeit mit der beginnenden Versammlung. Ein versammelter Trab ermöglicht kurze Tritte und dient als Vorübung zur Piaffe. Bis zur Hohen Schule vergehen allerdings noch einige Jahre und sollten in erster Linie die besondere Begabung eines Pferdes berücksichtigen und nicht den Ehrgeiz des Reiters.

Auch die Ausbildung eines »Bridle-Horses« zieht sich über mehrere Jahre hin. Ein Bridle-Horse ist ein sehr fein ausgebildetes Arbeits- und Dressurpferd in der altkalifornischen Reitweise. Das Pferd eines Vaqueros, also des Rinderhirten im alten Kalifornien, wurde meist mit der Wassertrense angeritten. Während des Zahnwechsels und zur Verfeinerung seiner reiterlichen Hilfen wechselt der Vaquero zu einem Bosal. Anfangs benutzt er ein Dreiviertel- oder Full-Inch-Bosal. Mit fortschreitender Ausbildung wird das Bosal immer dünner, wobei die Ausbildung bei der täglichen Arbeit mit den Rindern stattfindet. Im Gegenzug dazu bekommt das Pferd statt einer Wassertrense nun eine Kandare ins Maul geschoben. Vorerst nur zur Gewöhnung, denn der Vaquero reitet weiter mit den Bosal-Zügeln, der Mecate. Der Typus des Pferdes in der altkalifornischen Reitweise ist noch sehr nahe an dem des spanischen Pferdes. Auch wenn mit der Umstellung auf Kandare die Kopfhaltung anfangs nicht optimal ist, so verhindern eine günstige Quadratform und der Schub aus der Hinterhand weitgehend das Reiten auf der Vorderhand. Die Gewöhnung an ein solches »Bit« zieht sich über mehrere Monate hin. Ein altkalifornisches Bit (wie auch die klassische Kandare) ist ein fein ausgewogenes, mechanisches Instrument, das der Kopfform und der Maulspalte des entsprechenden Pferdes angepasst wird. Mit fortschreitender Gymnastizierung werden auch die Ganaschen weicher und der Vaquero wird die Kandarenzügel im Wechsel mit der Mecate benutzen. Sein Ziel ist ein entspannt mitarbeitendes Pferd in natürlicher Aufrichtung. Mit etwa acht bis zehn Jahren ist das Pferd am Ende dieser Ausbildung angelangt und der Vaquero bedient die Zügel nur noch mit wenigen Gramm.

Quellen

Branderup, Bent: Akademische Reitkunst,
Cadmos, Lüneburg 1996
Gold, Manfred: Der Pferdewirt,
BLV, München 1998
Oelke, Hardy: Das Quarter Horse.
Historie, Zucht, Verwendung,
Kierdorf-Verlag , Remscheid 1987
Richtlinien für Reiten und Fahren,
Band 1, FN-Verlag, Warendorf 1994
Strick, Michael: Denk-Sport Reiten.
Die faszinierende Logik der Ausbildungs-
skala, FN-Verlag, Warendorf 2002
Tietje, Ute: Kosmos-Lexikon Westernreiten,
Kosmos, Stuttgart 2000

Literatur

Dorrance, Bill: Desmond, Leslie:
True Horsemanship Through Feel,
Diamond LU Productions 1999
Dorrance, Tom: True Unity. Willing
Communication between Horse an Human,
Word Dancer Productions 1994
Hofmann, Silvia C.: Pferde natürlich halten,
BLV, München

Holm, Ute: Westernreiten – aber bitte
klassisch, Müller Rüschlikon, Cham 1999
Hourdebaigt, Jean-Pierre: Pferde-Massage,
BLV, München 1998
Hunt, Ray: Harmonie mit Pferden.
Ein Trainingsbuch für die Beziehung
zwischen Mensch und Pferd, Kierdorf-Verlag,
Remscheid 1998
Karl, Philippe: Hohe Schule mit der
Doppellonge, BLV, München 2002
Karl, Philippe: ReitKunst.
Klassische Dressur bis zur Hohren Schule,
BLV, München 2002
Kleven, Helle Katrine: Physiotherapie für
Pferde, FN-Verlag, Warendorf 2000
Lange, Christine: Was kostet mich mein
Pferd? BLV, München 2002
Marx-Holena, Hilke: Homöopathie
für Pferde, BLV, München 2003
Over, Uta: Hufpflege,
BLV, München 2001
Savoie, Jane: Winning Feeling. Positiv
denken, erfolgreich reiten, Franckh-Kosmos,
Stuttgart 1993
Snader, Meredith L. : Pferde natürlich be-
handeln und heilen, BLV, München 1999
Wyche, Sara: Ganzheitliche Medizin für
Pferde, BLV, München 1997

Register

Bibliografische Information
Der Deutschen Bibliothek

Die Deutsche Bibliothek verzeichnet diese Publikation in der Deutschen Nationalbiografie; detaillierte bibliografische Daten sind im Internet über http://dnb.ddb.de abrufbar.

BLV Verlagsgesellschaft mbH
München Wien Zürich
80797 München

© 2003 BLV Verlagsgesellschaft mbH, München

Umschlaggestaltung:
Sabine Fuchs, München
Umschlagfotos: Carola Steen
Layoutkonzept Innenteil: Angelika Tröger

Lektorat: Annette Rose
Herstellung: Angelika Tröger

Layout: Anton Walter, Gundelfingen
Satz: Christian Walter, Gundelfingen
Repro: lithotronic media gmbH, Frankfurt/M.

Bildnachweis:
Alle Fotos Carola Steen;
außer: S. 82, 83 (Elke Böhmer); S. 91 (Claudia Huber); S. 93, 95 (Michaela Rothwinkler); S. 99 (Dorothea Lutter); S. 107 (Susanne Braun u. Dieter Lepple); S. 111, 115 (Gaby Müller); S. 119, 120 (Karla Gravius); S. 131, 133 (Michael Schwenzer); S. 137 (Anne Wittich) Grafik S. 52: Jörg Mair

Gedruckt auf chlorfrei gebleichtem Papier

Printed in Germany · ISBN 3-405-16481-8

Hinweis
Alle Angaben in diesem Buch erfolgen ohne Gewähr. Weder Autoren noch Verlag können für eventuelle Nachteile oder Schäden, die aus den im Buch vorgestellten Übungen und Informationen resultieren, eine Haftung übernehmen.

Know-how für die Reitausbildung

Christine Lange
**Gelassenheit –
Sicherheit für Pferd
und Reiter**
Die Ausbildung des Pferdes
zur Gelassenheit in allen All-
tagssituationen; Grundlagen
für die Teilnahme an der neuen
FN-Gelassenheitsprüfung.

BLV Arbeitsbuch Pferd
Kerstin Diacont
Bodenarbeit mit Pferden
Psychologisches Grundwis-
sen: das artspezifische Ver-
halten der Pferde und wie
man es für die Ausbildung
nutzt; Praxis: Ausrüstung,
Übungsanleitungen aus
Dressur und Westernreiten,
Beispiele für die Korrektur
verrittener Pferde.

BLV Arbeitsbuch Pferd
Rainer Hilbt
Longieren
Die Arbeit an der Longe:
die komplette Ausbildung für
Einsteiger und praxisbewähr-
te Problemlösungen für Fort-
geschrittene; spezielle Infor-
mationen für Voltigierer und
Fahrer; die Arbeit an der
Doppellonge.

Dorothee Abdel-Kader
So lernen Pferde
Das Know-how für eine reit-
weisenübergreifende Verständigung zwischen Mensch und
Pferd für die tägliche Praxis
und erfolgreiche Ausbildung –
ein einfühlsamer Ratgeber für
spezielle Problemlösungen.

Gerhard Kapitzke
Zügelführung mit Gefühl
Das Zwiegespräch zwischen
Reiterhand und Pferdemaul mit
einfühlsamer Zügelführung;
die Grundprinzipien der Zügelführung, ihre verschiedenen
Wirkungsweisen und deren
pferdegerechte Anwendung.

Stefan Radloff
**Reitausbildung
mit System**
In Text und Grafik präzise de-
monstriert: systematisch aufge-
baute Tageslektionen für die
Dressur- und die Springaus-
bildung; die optimale Zusammenarbeit zwischen Reiter und
Pferd, die Aufgaben des Ausbilders, Trainingsplanung.

Kerstin Diacont
**Mit System zum
harmonischen Reiten**
Stimmig, logisch, eigenständig –
das neue Ausbildungs- und
Trainingskonzept: die besten
Lehrmethoden aus allen Reit-
weisen, sinnvoll kombiniert.